TRACÉ

DES

VOIES DE COMMUNICATION

ET DES

COURBES DE RACCORDEMENT

TRACÉ

DES

VOIES DE COMMUNICATION

ET DES

COURBES DE RACCORDEMENT

MÉTHODE

très-expéditive et facilitée par l'usage de tables présentant :

1° L'ANGLE DE DEUX ALIGNEMENTS QUELCONQUES ;

2° LES TANGENTES, ARCS ET SÉCANTES DES COURBES SUBSTITUÉES
A DES ALIGNEMENTS DROITS
FAISANT UN ANGLE DE 20 A 180 DEGRÉS ;

ET 3° LES ORDONNÉS SUR LA TANGENTE, POUR LE TRACÉ, PAR POINTS
ÉQUIDISTANTS, DES COURBES DE 5 A 5000 MÈTRES DE RAYON ;

PAR

ADOLPHE CHARPENTIER,

Agent-Voyer Conducteur de l'Aisne.

PARIS

Librairie administrative et des Chemins de fer de PAUL DUPONT,
Rue Jean-Jacques-Rousseau, 41.

BRUXELLES

Librairie polytechnique de DECQ et DUHENT, rue de la Madeleine, 9.

LAON

Chez l'Auteur,
Et chez tous les Libraires de province.

LAON. — Imprimerie Henry LE VASSEUR, rue St-Jean, 39.

EXPLICATION DES SIGNES.

$+$ Plus.　　— Moins.　　$\times$ Multiplié par.

$\frac{a}{b}$, $\frac{5}{2}$; a divisé par b, rapport de a à b ; 5 divisé par 2, rapport de 5 à 2.

$=$ Egal à.

a^2, 7^2 ; a, 7 élevé au carré ; deuxième puissance de a et de 7.

a^3, 7^3 ; a, 7 élevé au cube ; troisième puissance de a et de 7.

$\sqrt{a}$, $\sqrt{7}$; Racine carré de a et de 7.

$a\,b$, $a.b$; a multiplié par b.

( ) Les parenthèses renferment des quantités dont il faut prendre le résultat dans les calculs. Les signes qui affectent les parenthèses indiquent les opérations à effectuer sur ce résultat. Les multiplications ne sont quelquefois indiquées par aucun signe. Exemple : l'expression $a\,(b-c)$ signifie qu'il faut multiplier a par la différence $b-c$.

[ ] Les crochets renferment des quantités déjà placées entre parenthèses. L'expression $\dfrac{a}{2}\left[(b-c)-\left(\dfrac{d+e}{f}\right)\right]$ se calcule en faisant d'abord la différence $b-c$, et ensuite la somme $d+e$ que l'on divise par f. On retranche le second résultat du premier et on multiplie la différence par $\dfrac{a}{2}$.

a' a prime.　　a'' a seconde.　　$^\circ$ Degré.　　$'$ Minute.　　$''$ Seconde.

sin A sinus de l'angle A.　　　　cos B cosinus de l'angle B.

tg. C tangente de l'angle C.　　　cot. A cotangente de l'angle A.

Lettres grecques dont il a été fait usage.

α Alpha.　　　β Béta.　　　π Pi.

Corrections à faire au *Traité des ouvrages d'art*, du même auteur.

Page 35, ligne 28, On donne à l'arc du radier une flèche du 1/30 au 1/10 de l'ouverture.

$$- \ 61 \quad - \quad 10,\ \ E = V + \frac{R}{3}\left(1 + \frac{h}{R+h}\right).$$

$$- \ 76 \quad - \quad 24,\ \ R' = \frac{C^2\left(\dfrac{R+V+F}{R-F}\right)^2 + F^2}{2\,F}$$

$$- \ 78 \quad - \quad 25,\ \ E = 0{,}33 + \frac{d}{48}.$$

$$- \ 78 \quad - \quad 27,\ \ E = 0{,}33 + \frac{5\,''}{48}.$$

$$- \ 99 \quad - \quad 19,\ \text{On fera varier l'épaisseur jusqu'à....}$$

$$- \ 116 \quad - \quad 1,\ \text{Numériquement, on les obtiendra....}$$

$$- \ 168 \quad - \quad 21,\ \text{Puis, il fait une description générale...}$$

ERRATA.

Page 17, ligne 36, lire : que par l'emploi de nombreuses ordonnées.
— 23 — 2, 1re colonne, lire : 3ᵐ17 au lieu de 3ᵐ7.
— 24 — 29, 9ᵉ — , — 149° 55' — 149° 54'.
— 28 — 16, 5ᵉ — , — 52° 55' — 52° 54'.
— 28 — 16, 6ᵉ — , — 127° 5' — 127° 6'.
— 28 — 17, 5ᵉ — , — 52° 58' — 52° 59'.
— 28 — 17, 6ᵉ — , — 127° 2' — 127° 1'.
— 30 — 25, 2ᵉ — , — 65° 2' — 65° 1'.
— 30 — 25, 3ᵉ — , — 114° 58' — 114° 59'.
— 31 — 8, 6ᵉ — , — 106° 24' — 106° 23'.
— 36 — 10, 8ᵉ — , — 1959ᵐ31 — 1953ᵐ31.
— 37 — 8, 4ᵉ — , — 1345ᵐ76 — 1375ᵐ76.
— 37 — 11, 7ᵉ — , — 2152ᵐ57 — 2157ᵐ57.
— 42 — 20, 6ᵉ — , — 1575ᵐ24 — 1575ᵐ34.
— 43 — 22, 7ᵉ — , — 1992ᵐ29 — 1992ᵐ89.
— 45 — 26, 2ᵉ — , — 1498ᵐ96 — 1496ᵐ96.
— 51 — 27, 2ᵉ — , — 1340ᵐ79 — 1350ᵐ79.
— 55 — 1, 8ᵉ — , — 597ᵐ64 — 597ᵐ46.
— 59 — 28, 8ᵉ — , — 525ᵐ02 — 525ᵐ82.
— 61 — 9, 2ᵉ — , — 1127ᵐ65 — 1127ᵐ35.
— 67 — 28à30 8ᵉ — , — 414ᵐ82, 62, 42 — 414ᵐ62, 42, 21.
— 71 — 1, 3ᵉ — , — 1518ᵐ44 — 1518ᵐ84.
— 80 — 24à30 7ᵉ — .lire 1345ᵐ94,65,36,07 ; 1344ᵐ78,49,19 au lieu de 1345ᵐ65,36,07 ; 1344ᵐ78,49,19 ; 1343ᵐ90.
Page 87, ligne 9, 8ᵉ colonne, lire : 223ᵐ53 au lieu de 223ᵐ63.
— 90 — 30, 4ᵉ — , — 202ᵐ81 — 202ᵐ64.
— 92 — 2, 4ᵉ — , — 192ᵐ25 — 192ᵐ35.
— 94 — 19, 6ᵉ — , — 615ᵐ24 — 615ᵐ20.
— 96 — 2et3, 2ᵉ — , — 600ᵐ66,47 — 600ᵐ46, 27.
— 98 Ajouter sécante 154ᵐ31 entre 154ᵐ41 et 154ᵐ22 et supprimer 154ᵐ84.
Page 101, ligne 11, 6ᵉ colonne, lire : 535ᵐ45 au lieu de 535ᵐ15.
— 102 — 8, 6ᵉ — , — 524ᵐ83 — 524ᵐ93.
— 106 — 28, 3ᵉ — , — 899ᵐ72 — 899ᵐ62.
— 107 — 8, 8ᵉ — , — 105ᵐ11 — 105ᵐ21.
— 108 — 6, 4ᵉ — , — 103ᵐ00 — 103ᵐ80.
— 108 Ajouter arc 858ᵐ99 entre 859ᵐ28 et 858ᵐ70 et supprimer 855ᵐ21.
Page 109, ligne 11, 4ᵉ colonne, lire : 98ᵐ23 au lieu de 98ᵐ43.
— 127, — 13, 8ᵉ — , — 36ᵐ01 — 36ᵐ91.
— 127, — 14, 6ᵉ — , — 370ᵐ60 — 370ᵐ40.
— 131, — 26, 3ᵉ — , — 463ᵐ97 — 462ᵐ97.
— 149, — 1, 7ᵉ — , — 148ᵐ35 — 148ᵐ98.
— 155, — 20, 3ᵉ — , — 46ᵐ83 — 42ᵐ83.

Le lecteur est prié de faire les corrections indiquées ci-dessus, avant de se servir de l'ouvrage.

LISTE DES PREMIERS SOUSCRIPTEURS. (1)

Ain.

MM. Armand CARRET, Agent-Voyer à Trévoux.
C. FOURNIER, Agent-Voyer à Bourg-en-Bresse.
BASCOBERT, Agent-Voyer à Chalamont.
DARMEDRU, Agent-Voyer à Bourg.

Aisne.

MM. PELLETIER, Agent-Voyer d'arrondissement à Laon.
DEBOUT, Agent-Voyer, Chef du bureau des Chemins vicinaux, à la Préfecture de l'Aisne, à Laon.
MORONI, Agent-Voyer à Anizy-le-Château.
SUIN, Agent-Voyer à Laon.
DELAGE, Agent-Voyer à Laon.
CAREMELLE, Agent-Voyer à Sissonne.
VITOUX, Agent-Voyer à Neufchâtel.
DEMILLY, Agent-Voyer à Aubenton.
DEFLANDRE, Agent-Voyer à Marle.
BEL, Agent-Voyer à Craonne.
BARBIER, Agent-Voyer à Laon.
BOUCHÉ, Agent-Voyer à Laon.
GUILLAUME, Agent-Voyer à Neuilly-Saint-Front.
TOUPET, Agent-Voyer à Chauny.
JONCOURT, Conducteur des Ponts-et-Chaussées (navigation) à Chauny.
T. CHÉDAILLE, Cond' des Ponts-et-Chaussées à Laon.
B. DUFOUR, Agent-Voyer à La Capelle.
MACRÉ, Agent-Voyer Conducteur à Laon.
WATHIER, Agent-Voyer à Fère-en-Tardenois.
F. RANSON, Agent-Voyer à Laon.
CARRÉ, Agent-Voyer à Coucy-le-Château.
G. CUIRET, Agent-Voyer à Soissons.
L. NOTTEZ, Agent-Voyer à Soissons.

Allier.

MM. DEVEAULX, Conducteur des Ponts-et-Chaussées à Saint-Pourçain.

Basses-Alpes.

M. HEUREUX, Conducteur des Ponts-et-Chaussées à Manc.

Hautes-Alpes.

M. ALBRAND, Agent-Voyer à Savines.

(1) Cette liste ne comprend pas les noms de plusieurs Chefs de service et Agents des Ponts-et-Chaussées et des Chemins vicinaux qui ont exprimé le désir de n'y pas figurer, ni les souscripteurs qui ont chargé leurs libraires de demander l'ouvrage, sans indication d'adresse.

La plupart des souscripteurs des villes s'étant fait adresser plusieurs exemplaires (3 à 7), sans indiquer les noms de leurs camarades auxquels ils étaient destinés, ces derniers n'ont pu être compris dans la liste.

Alpes-Maritimes.

MM. Toyon, Cond^r des Ponts-et-Chaus^on à Puget-Théniers.
J.-B. Giacobi, Agent-Voyer Piqueur à Puget-Théniers,

Ardèche.

MM. Rasclas, Agent-Voyer Conducteur, chef du bureau de
M. l'Agent-Voyer en chef, à Privas.
T. Boyer, Conducteur principal des Ponts-et-Chaus-
sées à Annonay.

Ardennes.

M. Fernand Bienfait, Agent-Voyer conducteur à Mézières.

Aude.

MM. Maillebeau, Conducteur des Ponts-et-Chaussées à
Castelnaudary.
Bongrasbier, Léon, Agent-Voyer à Alaigne.
Bourguignon, Agent-Voyer à Conques.
A. Dalpeint, cond^r des P.-et-Chaus^es à Castelnaudary.

Aveyron.

MM. Nozéran, Agent-Voyer à Mur-de-Barrez.
H. Janton, Employé des Ponts-et-Chaussées, rue
Biteille, 25, à Rodez.

Bouches-du-Rhône.

MM. Hatat, Agent-Voyer à Saint-Chamas.
Arnaud, Agent-Voyer à Lambesc.

Calvados.

•M. Suzanne, Agent-Voyer à Balleroy.

Charente.

MM. Perrier, Agent-Voyer à Brossac.
G. Schnabelé, Agent-Voyer à Champagne-Mouton.
Dumont, Conducteur des Ponts-et-Chaussées à Ruffec.

Charente-Inférieure.

MM. C. Harnait, Agent-Voyer à Marennes.
E. Jacquinot, Agent-Voyer à Tonnay-Boutonne.

Corrèze.

MM. Barguès, Agent-Voyer à Treignac.
Vigne, Employé secondaire des Ponts-et-Chaussées à
Tulle.

Corse.

M. Benedettini, Agent-Voyer à Bastia.

Côte-d'Or.

MM. Manuel, Agent-Voyer à Genlis.
Guenot, Agent-Voyer à Sémur.
Piard, Agent-Voyer d'arrondissement à Sémur.

Côtes-du-Nord.

MM. Moulin, Agent-Voyer à Broons.
D. Martel, Agent-Voyer à Tréguier.
J. Lecerff, Agent-Voyer principal à Lannion.
H. Guérin, Architecte de la ville à Guingamp.

Creuse.

M. Darfeuille, Agent-Voyer en chef de la Creuse, à Guéret.

Dordogne.

M. Ramière, Agent-Voyer d'arrondissement à Nontron.

Doubs.

MM. Louis Eme, Agent-Voyer à Ornans.
Bh. Barthod, Cond^r des Ponts-et-Chaussées à Morteau.

Drôme.

MM. A^{te} Picard, Conducteur principal, faisant fonctions
d'Ingénieur des Ponts-et-Chaussées à Crest.
T. Bourne, au bureau de M. l'Agent-Voyer en chef, à
Valence.
Faure, Agent-Voyer à Valence.

Eure.

MM. Letellier, Agent-Voyer d'arrondissement à Evreux.
Magnier, Agent-Voyer à Montfort.
Boyer, Agent-Voyer à Nonancourt.
Lejeune, Agent-Voyer d'arrondissement aux Andelys.

Eure-et-Loir.

M. David, Employé des Ponts-et-Chaussées, place de la
Poissonnerie, à Chartres.

Finistère.

MM. Crouan, Conducteur des Ponts-et-Chaussées (ports),
à Concarneau.
Charlot, Agent-Voyer à Douarnenez.

Gard.

M. Cathalan, Agent-Voyer à Uzès.

Haute-Garonne.

MM. Laurrin, Agent-Voyer à Villemur.
Tisandier, Piqueur à Fronton.

Gers.

MM. Laclaverie, Cond^r des Ponts-et-Chaussées à Plaisance.
J. Barhas, Cond^r des Ponts-et-Chaussées à Masseube.

I

Gironde.

MM. GIRAUD, Agent-Voyer à St-Savin-de-Blaye.
CAZEAU, Commis-Voyer à Lesparre.
POUVERREAU, Agent-Voyer à Lesparre.
Jh CAMBARROT, Agent-Voyer à La Brède.
BRUNET, Agent-Voyer à Barsac.

Hérault.

MM. CURAN, Agent-Voyer à St-Chinian.
RAFFIT, Dessinateur au bureau de M. l'Agent-Voyer de
Clermont-l'Hérault.
HONORÉ, Employé des Ponts-et-Chaussées, rue Richer de
Belleval, à Montpellier.
CORBIÈRE, Condr des Ponts-et-Chaussées (chemin de fer
de Mazamet à Bédarieux), à Cournion, près St-Pons.

Ille-et-Vilaine.

MM. Félix MINIAC, Agent-Voyer d'arrondt à Fougères.
LORY, Agent-Voyer à Bain-de-Bretagne.
LE GUELLAUT, Conducteur des Ponts-et-Chaussées
(navigation de la Vilaine) à Guipry.
DANIEL, Agent-Voyer à Lohéac.

Indre-et-Loire.

MM. PILLAULT, Agent-Voyer à Loches.
E. NIGUET, Conducteur des Ponts-et-Chaussées (navigation de la Loire), à La Chapelle-sur-Loire.

Isère.

MM. BARET, Agent-Voyer à Pont-de-Beauvoisin.
SIBILLE, Agent-Voyer à Bourg-d'Oisans.
BONNIOT, Agent-Voyer à La Mure-d'Isère.
COLLOMBAT, Agent-Voyer à la Côte-St-André.
LUYA, Agent-Voyer à Beaurepaire.

Landes.

MM. LACAUSSE, Agent-Voyer à Castets.
LAPUYADE, Conducteur des Ponts et-Chaussées à Castets.
Martin SAMANOS, Conducteur des Ponts-et-Chaussées
à Saubusse.

Loire.

M. JONINON, Agent-Voyer à Charlieu.

Haute-Loire.

M. PATRONIER, Condr des Ponts-et-Chaussées à Blesles.

Loiret.

M. DUPLAIX, Gustave, Agent-Secondaire des Ponts-et-Chaussées, faubourg du Croissant, 1, à Pithiviers.

Loir-et-Cher.

M. Maubert, Conducteur des Ponts-et-Chaussées à Lamotte-Beuvron.

Lot-et-Garonne.

MM. Pierre Abbadie, Piqueur à Puymirol.
Cassoulat, Piqueur à Mézin.
Fauré, Bertrand, Employé au service vic^{nl} à Tonneins.
Rouzières, Conducteur des Ponts-et-Chaussées à Ville-neuve-sur-Lot.

Lozère.

M. L. Serrière, Agent-Voyer à Pompidou.

Maine-et-Loire.

MM. A. Mercier, Conducteur des Ponts-et-Chaussées, (na-vigation de la Loire) à Saumur.
C. Jousseaume, Agent-Voyer à Langué.
C. Guyonneau, Piqueur aux Ponts-de-Cé, près Angers.
Millet, Piqueur au bureau de M. l'Agent-Voyer en chef, à Angers.

Manche.

MM. Jeanne, Agent-Voyer à St-Lô.
Martin, Agent-Voyer à Le Teilleul.
Douchin, Agent-Voyer à Quettehou.

Haute-Marne.

M. Bourgeois, Agent-Voyer d'arrondissement à Langres.

Meurthe-et-Moselle.

MM. Vincent, Agent-Voyer, rue de Rigny, à Toul.
Parizot, Agent-Voyer à Longwy.
Auguste Heurtement, Piqueur à Gerbeviller.
Peltier, Agent-Voyer à Longuyon.

Morbihan.

M. F. Lemercier, Agent-Voyer à Ploërmel.

Nord.

MM. L.-P. Annoot, Cond^r des Ponts-et-Chaussées à Cassel.
C. Dagalier, Conducteur des Ponts-et-Chaussées, rue de Beaumont, 2, à Valenciennes.
Hémery, Employé des Ponts-et-Chaussées, rue de Thé-rouanne, 11, à Hazebrouck.
Ansiaux, Agent-Voyer à Maubeuge.

Oise.

MM. P. Bouffé, Conducteur des Ponts-et-Chaussées à Mouy.
Léopold Hodent, Employé des Ponts-et-Chaussées, rue des Pigeons-Blancs, à Senlis.

Orne.

M. MARTIN, Agent-Voyer, place du Champ de Foire, à Domfront.

Pas-de-Calais.

MM. E. HENRY, Ingén⟶ des Ponts-et-Chaussées à St-Omer.
LEQUIEN, Florent, Agent-Voyer à St-Pol.
GUILLAUME, Employé des Ponts-et-Chaussées à Arras.
LECLERCQ, Agent-Voyer Conducteur à Viel-Hesdin.

Puy-de-Dôme.

MM. FARGHON, Agent-Voyer d'arrondissement à Issoire.
COURTESSEYRE, Agᵗ-Voyer, place aux Arbres, 4, à Thiers.
POMEROL, rue St-Jean, à Aubière.
Ch. JALOUSTRE, Agᵗ-Voyer au bureau de M. l'Agᵗ-Voyer en chef, place St-Hérem, 20, à Clermont-Ferrand.

Basses-Pyrénées.

MM. SÉCLIN, Conducteur des Ponts-et-Chaussées à Bidache.
ABADIE, Agent-Voyer à Lembeye.
SCHUSTER, Condʳ des Ponts-et-Chaussées à Oloron.
Bernard GOURGUES, Piqueur à Arudy.
BALLÉ-GOURDON, Agent-Voyer Conducteur à Monneins.
AUTIGEON, Osmin, Agent-Voyer, rue neuve de Jurançon, 31, à Pau.
BOURET, Octave, Conducteur des Ponts-et-Chaussées à St-Etienne-de-Baïgorry.

Hautes-Pyrénées.

MM. ABADIE, Conducteur des Ponts-et-Chaussées à Argelès.
DOSSAT, Conducteur des Ponts-et-Chaussées (service hydraulique) à Lannemezan.
GUILLEMAIN, Conducteur principal des Ponts-et-Chaussées à Luz-Barèges.

Pyrénées-Orientales.

M. ARMANGUÉ, Joseph, Piqueur à Céret.

Rhône.

MM. AMADON, Conducteur des Ponts-et-Chaussées à Thizy.
BESSON, Agent-Voyer à Thizy.
CURIEUX, Agent-Voyer à Anse.

Saône-et-Loire.

MM. PETIT, Condʳ des Ponts-et-Chaussées à Paray-le-Monial.
V. G....., Conducteur des Ponts-et-Chaussées (service hydraulique) à Verdun-sur-Saône.

Haute-Saône.

MM. LEMAITRE, Agent-Voyer à Saulx.
PERNEL, Agent-Voyer à Noroy-le-Bourg.

Sarthe.

MM. Adolphe Motrieux, Conducteur des Ponts-et-Chaussées
au Château-du-Loir.
Dronne, Agent-Voyer à Mamers.

Savoie.

M. Aubert, Agent-Voyer d'arrondissement à Chambéry.

Haute-Savoie.

M. Terra, Conducteur des Pont-et-Chaussées (chemin de fer
d'Annecy à Annemassse), à Annecy.

Seine.

MM. Haudiquet, Agent-Voyer, rue du Sabot, 2, à Paris.
Henry Bouthier, Conducteur des Ponts-et-Chaussées,
attaché au Ministère des Travaux publics, à Paris.
Blondin, ex-Conducteur des ponts et chaussées, Ré-
dacteur au Ministère des Travaux publics, à Paris.
H. Michael, Agent-Voyer, rue du Landy, 15, à St-Ouen.

Seine-et-Marne.

M. V. Camus, Conducteur des ponts et chaussées (navigation) à Nemours.

Seine-et-Oise.

MM. F. Bonnefille, Agent-Voyer à Lonjumeau.
J. Bonnefille, Agent-Voyer à Marines.

Seine-Inférieure.

MM. Senard, attaché au Cabinet de M. l'Agent-Voyer en
chef, à Rouen.
A. Rainvillé, Grande-Rue, 52, à Dieppe.
N. Duval, Agent-Voyer hors classe à Darnétal.

Somme.

M. Martin, petite rue Notre-Dame, 19, à Abbeville.

Tarn.

MM. Sablayrollet, Agent-Voyer à Villefranche-d'Albi.
Loupias, Agent-Voyer à Castres.

Tarn-et-Garonne.

M. Graffier, Paul, Agent-Voyer à Bourg-de-Visa.

Var.

MM. Barbier, fils, Agent-Voyer à Cotignac.
Blond, Agent-Voyer à Aups.
Saint-pierre, Conducteur des Ponts-et-Chaussées à
Fréjus.
Porre, Piqueur à Lorgues.

XIV

Vendée.

M. ROQUET, Agent-Voyer à Challans.

Haute-Vienne.

MM. A. BARBOT, Agent-Voyer d'arrondissement à Saint-
Yrieix.

BERTRAND, Conducteur des Ponts - et - Chaussées à
Eymoutiers.

BOUTIN, Agent-Voyer cantonal à Saint-Sulpice-les-
Feuilles.

A. MANOULARD, Conducteur des Ponts-et-Chaussées à
Bellac.

Vosges.

MM. BIPPAT, Ingénieur des Ponts-et-Chaussées à Epinal.

THIOT, Conducteur des Ponts-et-Chaussées, Agent-
Voyer de canton, à Dompaire.

Ch. PUCELLE, Agent-Voyer à Châtenois.

POIREL, Conducteur des Ponts-et-Chaussées à Neuf-
château.

TINCHANT, Agent-Voyer sédentaire à Saint-Dié.

Yonne.

MM. MANDAROUX, Agent - Voyer d'arrondissement à Ton-
nerre.

DEFOSSE, Agent-Voyer, Rue du Pont, 45, à Auxerre.

QUIGNARD, id. id. id.

Algérie.

MM. CLOCHARD, Employé secondaire, faisant fonctions de
Conducteur des Ponts-et-Chaussées, à Blidah.

VILMONT, Conducteur principal des Ponts-et-Chaussées à El-Esnane, par Bouïra.

PELLET, Agent-Voyer départemental à Sidi-Bel-Abbès.

LAFOSSE, Surveillant de travaux à Sidi-Bel-Abbès.

Amédée CALSAT, Agent-Voyer départemental à Arzew.

MARGERIDE, Ingénieur des Ponts-et-Chaussées à Sétif.

E. BASTIDE, Agent-Voyer d'arrondissem* à Zemmorah.

PRÉFACE.

Le volume que je publie aujourd'hui était presque terminé et sur le point d'être livré à l'impression, lorsque survinrent les événements de 1870.

Bien que l'exécution de la loi de 1868, sur l'achèvement des chemins vicinaux, fût assurée par la loi du 25 juillet 1873, qui proroge jusqu'en 1883 la période des travaux devant d'abord expirer en 1878, j'aurais renoncé à le faire imprimer, si je n'y avais été déterminé par d'autres considérations et par les encouragements les plus flatteurs.

Il sera certainement ouvert, dans un délai plus ou moins rapproché, des canaux dans les contrées qui en sont dépourvues. Des chemins de fer d'intérêt local, construits économiquement, seront, en outre, établis à proximité des localités privées de grandes lignes (1). Enfin, le moment n'est peut-

---

(1) Il faut, pour cela, renoncer aux travaux de luxe, et étudier un réseau d'ensemble qui satisfasse aux intérêts qu'il est appelé à desservir, sans exiger la construction de ces grands ouvrages qui coûtent à eux seuls autant qu'une ligne de moyenne étendue. Procéder par tronçons, c'est s'exposer aux plus sérieux mécomptes.

être pas éloigné où l'Etat et les Départements, redevenus prospères, subventionneront les chemins ruraux, si utiles à l'agriculture, et dont la construction et l'entretien seront vraisemblablement confiés aux communes et à des syndicats.

La méthode qui va être exposée et les tables qui en découlent, sont donc encore appelées à recevoir de nombreuses applications dans la pratique.

En trouvant dans un seul volume les éléments nécessaires à la détermination, sans calcul, des angles des alignements droits, et au tracé, sans travail préalable au cabinet, des courbes de raccordement, les opérateurs éprouveront les plus grandes facilités dans l'étude des projets et dans l'exécution des travaux.

Les témoignages de satisfaction qui m'ont été adressés à ce sujet, assurent le plus grand succès à l'œuvre relativement considérable que j'ai entreprise. Aussi, le but que je me proposais a-t-il déjà dépassé mes espérances ; que les hommes compétents qui ont rendu ma tâche plus facile, en reçoivent tous ici mes remercîments.

Laon, septembre 1874.

PRÉLIMINAIRES.

Raccorder deux alignements droits par une courbe, tel est le problème qui se présente à chaque instant dans le tracé des voies de communication.

De bonnes tables sont donc indispensables pour effectuer convenablement et rapidement cette opération.

Parmi les courbes usuelles, les courbes circulaires ou portions de circonférence sont celles qui offrent le plus d'avantages, au point de vue de la régularité et de la traction, en ce qu'elles répartissent uniformément la courbure sur tous les points du raccordement.

On peut les tracer de diverses manières, mais la méthode des ordonnées est, sans contredit, la plus expéditive, la plus praticable. Elle n'exige que l'emploi d'instruments très-simples et peu coûteux : l'équerre et la chaîne.

Les tables qui suivent permettent de tracer, par cette méthode, toutes les courbes circulaires de raccordement, sans opération préalable au cabinet. J'en ferai connaître la composition et l'usage ; je donnerai, de plus, les différentes formules au moyen desquelles elles ont été calculées.

J'examinerai successivement les diverses opérations concernant les courbes, dans l'ordre où elles sont effectuées :

1° la détermination des angles de deux alignements droits quelconques ;

2° le calcul des tangentes, des arcs et des parties extérieures des sécantes, qui sont désignés sous le titre d'éléments des courbes ;

Et 3° le calcul des ordonnées sur la tangente.

Je séparerai la partie pratique de la théorie, afin de faciliter l'usage des tables aux aides qui ne savent que lire et écrire. La partie théorique sera consultée avec fruit par les opérateurs qui veulent étudier.

Mais avant d'entrer en matière, je traiterai succinctement la question relative au tracé des voies de communication.

NOTE

Sur le tracé des voies de communication

en plaine et en montagne.

Le tracé des voies de communication n'offre pas de difficultés sérieuses en plaine, c'est-à-dire lorsque les déclivités du sol sont inférieures au maximum qu'elles peuvent atteindre.

La ligne droite, si elle pouvait être adoptée, occasionnerait les frais les moins élevés, dans la plupart des cas, eu égard à la brièveté du parcours. Mais des considérations particulières obligent l'opérateur à s'en écarter : des ponts existants, d'anciens chemins sont utilisés lorsque c'est possible, afin de réduire les dépenses ; l'auteur du projet a égard aux localités qui se trouvent à proximité de la ligne droite ; il évite les marécages, à moins qu'on ne les traverse en remblai, les fondrières qui nécessitent des travaux considérables, les constructions dont l'expropriation serait onéreuse, etc. Une dérivation à la ligne droite permet, en outre, de tourner un monticule, ou même une montagne, soit en suivant une dépression du sol, une vallée ou un vallon, soit en passant par le point le plus bas des faîtes.

Il arrive souvent que plusieurs localités sollicitent l'étude d'une variante qui les desserve. Il convient de se rendre à leur désir et de présenter à l'Administration les documents nécessaires pour apprécier le mérite des diverses directions réclamées. Ce mode de procéder facilite l'examen de l'avant-projet et rend possible une prompte solution. Les Agents de l'Administration, qui ne doivent être guidés que par l'intérêt général, agiront sagement en étudiant sommairement les tracés demandés, soit par les communes, soit par un groupe de particuliers, soit enfin par un établissement agricole, commercial ou industriel.

L'examen d'une carte topographique et l'exploration des lieux font reconnaître, d'après ces considérations, un certain nombre de points de sujétion, sur lesquels est basée l'étude des tracés. On réunit ces points par une ligne polygonale dont les angles se rapprochent le plus possible de 180° ; ces derniers sont remplacés par des courbes étudiées avec soin et tracées à l'aide des tables.

Si l'on examine la configuration de notre pays, on remarque qu'il comprend plusieurs bassins. Chacun d'eux est séparé des bassins limitrophes par un faîte plus ou moins élevé au-dessus du niveau de la mer et se compose d'une vallée principale à laquelle aboutissent des vallées de différents ordres. A ces vallées, se rattachent également des vallons secondaires et ainsi de suite. Il existe bien, dans les bassins, quelques situations exceptionnelles, telles, par exemple, que les vastes plaines où les pentes sont peu sensibles et les montagnes isolées, semblables à celle sur laquelle Laon repose, à 90 mètres au-dessus de la plaine environnante. Le tracé des voies de communication s'effectue, dans le premier cas, selon les indications qui concernent les études en plaine, et, dans le second, suivant celles relatives aux études en montagne.

Il ressort donc de la disposition tourmentée, accidentée de notre sol, qu'il est souvent impossible d'adopter la ligne droite sur une grande étendue et, qu'en raison de l'altitude des montagnes, on ne peut toujours se maintenir dans la limite assignée pour les déclivités, en réunissant les points de sujétion (1).

Dans ce cas, on étudie une direction qui ait la pente maxima. Il devient, pour cela, nécessaire de procéder à un *cheminement*.

Cette opération consiste à rechercher un tracé qui ait une pente fixée à l'avance. Le niveau de pente, dont il est facile de se servir, est employé avec avantage si l'opérateur a l'habitude de cet instrument. Dans le cas contraire, les tâtonnements exigent moins de temps par l'usage de la méthode exposée ci-après.

On prend un cordeau d'une longueur en rapport avec la hauteur de la mire employée et avec la pente prescrite. Il est porté sur le terrain par deux aides, dont l'un se place au point de départ, où est le porte-mire. L'opérateur prend la cote de ce point, puis il y ajoute, ou en retranche, selon qu'il y a pente ou rampe, la déclivité totale répondant à la longueur du cordeau. On obtient une nouvelle

---

(1) Les déclivités maxima le plus généralement admises sont les suivantes :
    0 m. 01 cent. pour les chemins de fer du premier réseau,
    0 m. 015 mm pour ceux des autres réseaux,
    0 m. 02 à 0 m. 03 cent. pour ceux d'intérêt local, suivant la contrée,
    0 m. 03 cent. à 0 m. 05 cent. pour les routes,
et 0 m. 05 cent. à 0 m. 06 cent. pour les chemins vicinaux.

cote que l'on reporte sur la mire. Le porte-mire se rend à la seconde extrémité du cordeau, maintient le voyant dans une position fixe et se déplace selon les signes de l'opérateur, jusqu'à ce que celui-ci découvre le voyant. On place un jalon au point ainsi obtenu. On détermine de la même manière autant de points que le comporte la longueur du tracé. La ligne polygonale passant par ces points a la pente cherchée. Après en avoir mesuré les angles, on la rapporte sur le papier et on détermine au cabinet, en tenant compte de la pente transversale du terrain, l'axe définitif du projet, lequel ne s'éloigne que le moins possible de la ligne de pente. Cet axe est ensuite reporté sur le terrain, puis les courbes sont tracées avant de faire le nivellement (1). Comme l'axe présente généralement moins de développement que la ligne de pente, il est prudent d'effectuer le cheminement en diminuant la pente d'un ou de deux millimètres, afin de ne pas éprouver de mécompte.

Un opérateur exercé peut se dispenser de rapporter la ligne de pente et tracer, à simple vue, l'axe définitif du projet sur le terrain.

Voici un exemple de cheminement à l'aide du cordeau. La pente donnée étant de 0^m05^c par mètre, on opère comme si l'on recherchait une déclivité de 0^m049^{mm}. Si le cordeau à 50 m. de longueur, il répond à une déclivité de 50 mètres $\times 0^m049 = 2^m45^c$. Si l'opération se fait en rampe et si la cote de départ est 3^m47^c, le porte-mire se meut à l'extrémité du cordeau, après avoir placé le voyant à $3^m47^c - 2,45 = 1,02$. L'opérateur le fait tâtonner jusqu'à ce que la ligne de visée coïncide avec le milieu du voyant. A ce moment, un point du tracé est obtenu. On les détermine tous de la même manière. Il est bien entendu que l'aide suit le porte-mire dans tous ses mouvements, afin de maintenir constamment la distance de 50 mètres. Il décrit, en un mot, un arc dont le rayon est de 50 mètres.

Il peut arriver qu'entre deux points donnés, on cherche une pente uniforme qui n'atteigne pas le maximum fixé ou qui le dépasse quelque peu. Dans ce cas, on divise la différence de niveau des deux points extrêmes par la longueur qui les sépare; le quotient donne la pente moyenne sur laquelle on opère comme précédemment. Exemple : La

---

(1) Il est préférable de tracer les courbes avant de faire le nivellement, mais ce mode de procéder ne doit pas être adopté d'une façon absolue. Avant de rapporter le profil en long, les cotes de nivellement sur l'axe peuvent être calculées à l'aide des profils en travers, connaissant la distance du sommet de l'angle au sommet de la courbe (parties extérieures des sécantes). L'arc substitué aux tangentes est donné par les tables et il devient facile de calculer la différence qui existe entre la longueur des deux tangentes et celle de la courbe.

pente totale d'un terrain étant de 118ᵐ77ᶜ pour une longueur présumée de 2,520 mètres, la déclivité par mètre sera de 0ᵐ047ᵐᵐ. On opère sur une pente de 0ᵐ046.

Je terminerai cette note par quelques indications :

Lorsque deux courbes de sens contraire se succèdent, il convient d'insérer entre elles un alignement droit d'une longueur suffisante pour permettre à une voiture et à son attelage, s'il s'agit d'une route, et à un train, s'il s'agit d'un chemin de fer, de se redresser avant de s'engager dans la seconde courbe.

Dans les lacets ou courbes à petits rayons des routes et chemins, on prévoit des paliers, ou on réduit les pentes et on augmente la largeur de la chaussée et de la voie.

Dans les parties en remblai, il est souvent économique de remplacer les banquettes de sûreté par des haies vives plantées dans les talus à 0ᵐ20ᶜ ou 0ᵐ25ᶜ de la crête de ceux-ci. On diminue ainsi les dépenses, sans réduire la largeur de la voie. L'essence des plants doit être appropriée au climat et à la nature du sol. Les haies croissent parfaitement dans les remblais, de même que les arbres que l'on pourrait y planter sans causer de dommage aux riverains. — Les arbres procurent, au bout de 25 à 30 ans, des ressources précieuses que l'on utilise à des travaux d'intérêt général, la construction d'un pont ou une amélioration de pente ou de tracé, par exemple, sans grever le budget de nouvelles charges.

TRACÉ DES COURBES DE RACCORDEMENT.

Partie pratique.

Pour tracer une courbe circulaire, il suffit :

1° de mesurer l'angle des deux alignements droits à raccorder ;

2° de porter sur chacun de ces alignements la longueur de la tangente, calculée d'après le rayon adopté ;

et 3° de déterminer un nombre suffisant de points de la courbe.

Composition des Tables.

Les tables se subdivisent en trois parties bien distinctes, correspondant aux trois opérations décrites ci-dessus.

La première partie donne l'amplitude de l'angle de deux alignements droits quelconques.

La seconde fournit les éléments des courbes dans l'hypothèse d'un rayon de 1000 mètres, savoir :

De 30 en 30 minutes pour les angles de 20 à 50° ;

De 10 en 10 minutes pour les angles de 50 à 60° ;

Et de minute en minute pour les angles de 60 à 180°.

Enfin, la troisième partie comprend les ordonnées nécessaires au tracé des courbes de 5 à 5000 m. de rayon.

Usage des Tables.

Détermination des angles de deux alignements droits quelconques.

Problème I. — Etant donnés (*fig*. 1) les alignements droits AB et AC, mesurer l'angle aigu BAC.

Solution. — On mesure une longueur de 10 mètres sur les lignes AB et AC, puis on chaîne la base *mn* du triangle isocèle A*mn*. Cette base ayant 9^m95^c, on trouvera l'amplitude de l'angle BAC en regard de ce nombre, 5e colonne, page 29. L'angle des deux alignements donnés est de 59° 40′.

Remarque. — Si, au lieu de mesurer un triangle isocèle de 10 mètres de côté, on portait 20 ou 30 mètres sur chacun des alignements droits, on diviserait par 2 ou par 3 les bases $m'n' = 19^m90$ et $m''n'' = 29^m85$, les quantités 2 et 3 exprimant le rapport des nombres 20 et 30 au nombre 10 qui a été adopté dans la préparation des tables.

Problème II. — Etant donnés (*fig.* 1) les alignements droits AC et AC', mesurer l'angle obtus CAC'.

Solution. — On prolonge la ligne AC' vers le point B ; on mesure ensuite le triangle A*mn*, comme au problème I : l'angle BAC sera de 59° 40'. L'angle cherché CAC' sera égal à son supplément : 180° — 59° 40' = 120° 20' (6° col., page 29).

Remarque. — Lorsque l'angle est obtus, il y a avantage à opérer sur l'angle aigu adjacent dont il est le supplément. C'est pourquoi les tables s'arrêtent au calcul des triangles isocèles de 10^m de côté, ayant une base qui ne dépasse pas 14^m 15°.

Tangentes, arcs et parties extérieures des sécantes.

APPLICATIONS USUELLES.

Problème III. — Etant donnés (*fig.* 2) l'angle BAC = 95° 1', et le rayon OB = 1000 mètres, déterminer la tangente AB = AC, l'arc BSC et la partie extérieure AS de la sécante.

Solution. — Les tables ayant été calculées en faisant R = 1000 m., il suffit de se reporter à la page 73 ; on trouvera en regard de l'angle 95° 1' :

Tangente AB = AC =. . . . . 916^m06
Arc BSC =. . . . . 1483^m24
Partie extérieure AS de la sécante =. . . . 356^m46

Problème IV. — L'angle des deux alignements droits restant le même et le rayon étant de 200 mètres, déterminer la tangente, l'arc et la partie extérieure de la sécante.

Solution. — Pour résoudre ce problème, il suffit de multiplier les résultats fournis par les tables par le rapport du rayon donné à celui des tables, soit dans le cas du problème IV : $\frac{200}{1000}$ ou 0,2. On obtient par les calculs :

Tangente = $916^m06 \times 0,2$ =. . . . . . . 183^m21
Arc = $1483^m24 \times 0,2$ = ... 296^m65
Partie extérieure de la sécante $356^m46 \times 0,2$ = 71^m23

CAS PARTICULIERS.

Problème V. —L'angle des deux alignements droits est de 95° 1′ et une tangente de 916^{m}06 est imposée par la disposition des lieux, trouver le rayon de la courbe.

Solution. — La tangente de 916^{m}06^c étant fournie par les tables en regard de 95° 1′ (page 73), le rayon cherché est celui des tables, c'est-à-dire 1000 mètres.

Il est clair que le rayon étant connu, les autres éléments de la courbe seront déterminés par l'application du problème III.

Problème VI. — L'angle des deux alignements droits est de 95° 1′ et une tangente de 78^{m}37 est imposée par la disposition des lieux, trouver le rayon de la courbe.

Solution. — Si le rayon était de 1000 m., la tangente aurait 916^{m}06^c de longueur. On établit la proportion :

$$\frac{916,06}{78,37} = \frac{1000}{x}. \quad (x \text{ étant le rayon cherché}).$$

Effectuant les calculs, on a : $x = 85^m55^c$.

Le rayon étant connu, on obtiendra les autres éléments de la courbe par l'application du problème IV.

Problème VII. —L'angle des alignements droits est de 95° 1′ et la longueur de la courbe de 1483^{m}24^c, trouver le rayon.

Solution. — L'arc de 1483^{m}24^c se trouve dans les tables en regard de 95° 1′ ; le rayon cherché est de 1000 m.

Problème VIII. — L'angle des alignements droits est de 95° 1′ et la longueur de la courbe de 126^{m}89^c, trouver le rayon.

Solution. —Le rayon s'obtiendra en dégageant la valeur de x de la proportion suivante :

$$\frac{1483,24}{126,39} = \frac{1000}{x}.$$

D'où $x = 85^m55^c$.

Problème IX. — L'angle des alignements droits est de 95° 1′ et le sommet de la courbe doit, en raison de la disposition des lieux, passer à 356^{m}16^c de celui de l'angle, trouver le rayon.

Solution. — La distance donnée de 356^{m}16^c se trouvant en regard de 95° 1′ ; le rayon cherché est celui des tables.

Problème X. — L'angle des alignements droits est de 95° 1′ et le sommet de la courbe est distant de 30ᵐ47ᶜ de celui de l'angle, trouver le rayon.

Solution. — La proportion :

$$\frac{356,16}{30,47} = \frac{1000}{x}$$

donne pour x, rayon cherché, 85ᵐ 55.

Problème XI. — Le rayon de la courbe est de 1000 m. et la tangente de 916ᵐ06, trouver l'angle des alignements droits.

Solution. — L'angle correspondant à une tangente de 916ᵐ06ᶜ est de 95° 1′.

Connaissant l'angle et le rayon, il est facile de déterminer les autres éléments de la courbe.

Problème XII. — Le rayon de la courbe est de 50ᵐ., et la tangente de 87ᵐ19ᶜ, trouver l'angle des alignements droits.

Solution. — La tangente d'une courbe de 1000 m. de rayon s'obtient par la proportion suivante :

$$\frac{50}{1000} = \frac{87,19}{x},$$

d'où x, tangente cherchée, = 1743ᵐ74ᶜ.

L'angle des tables correspondant à cette tangente est de 59° 40′ (page 37).

Problème XIII. — Le rayon de la courbe est de 1000ᵐ et son développement de 1483ᵐ24ᶜ, trouver l'angle des alignements droits.

Solution. — L'angle cherché se trouve en regard de l'arc de 1483ᵐ24. Il est de 95° 1′.

Problème XIV. — Le rayon de la courbe est de 50ᵐ et sa longueur de 105ᵐ01ᶜ, trouver l'angle des alignements droits.

Solution. — L'arc de la courbe de 1000 m. de rayon est donné par la proportion :

$$\frac{50}{1000} = \frac{105,04}{x}, \quad \text{d'où } x \text{ (arc cherché)} = 2100ᵐ 21.$$

L'angle correspondant à cet arc est de 59° 40′ (page 37).

Problème XV. — Le rayon de la courbe est de 1000^m et la distance du sommet de l'angle au sommet de la courbe de 356^m16, trouver l'angle.

Solution. — L'angle est fourni par les tables en regard de 356^m16°. Il est de 95° 1'.

Problème XVI. — Le rayon de la courbe est de 50^m, et la distance du sommet de l'angle au sommet de la courbe de 50^m51°, trouver l'angle.

Solution. — On obtiendra la partie extérieure de la sécante des tables par la proportion suivante :

$$\frac{50}{1000} = \frac{50,51}{x} \quad (x \text{ étant la quantité cherché) d'où } x = 1010^m\,14.$$

L'angle cherché se trouve en regard de ce nombre. Il est de 59° 40' (page 37).

REMARQUE I. — Les cas particuliers qui viennent d'être examinés ne se présentent que rarement dans la pratique. Ils ne trouvent leur application que dans les études d'avant-projets, la vérification des travaux et quelques autres circonstances exceptionnelles.

Je ne multiplierai donc pas les exemples ; il me suffira d'ajouter qu'il est toujours possible, à l'aide des tables, de calculer les éléments d'une courbe, deux de ces éléments étant donnés.

REMARQUE II. — Il convient d'inscrire sur le plan, ainsi que l'indique la fig. 3 ;
1° L'angle des alignements droits ;
2° Le rayon de la courbe ;
3° La tangente ;
4° L'arc ;
Et 5° la partie extérieure de la sécante.

Pour les autres règles à suivre, l'auteur du projet se conforme au programme adopté par son Administration.

REMARQUE III. — L'arc et la partie extérieure de la sécante ne sont pas nécessaires pour le tracé de la courbe. Mais, ils sont indispensables au calcul des cotes du nivellement, lorsque celui-ci a été fait sur les lignes d'opération, et non sur les courbes. Ils donnent, dans tous les cas, un moyen facile de vérifier si les opérations graphiques répondent bien aux résultats fournis par les tables.

Ordonnées.

Problème XVII. — Raccorder deux alignements droits formant un angle de 95° 1', par une courbe de 200 m. de rayon (*fig.* 4).

Solution. — D'après le problème IV, la longueur de la tangente est de 183ᵐ21ᶜ. On mesure cette longueur sur les deux lignes AB et AC, puis à partir du point B, vers le sommet de l'angle, on porte 19ᵐ97, longueur de la première abscisse (page 164). Au point ainsi obtenu, on élève sur la tangente une perpendiculaire de 1 mètre, dont l'extrémité est un point de la courbe. On chaîne ensuite, en cumulant une longueur de 39ᵐ73ᶜ sur la tangente, et, en élevant à cette distance une perpendiculaire de 3ᵐ99, on a un second point de la courbe à 40 m. du point de tangence, et ainsi de suite.

Les mêmes opérations sont répétées à partir du point C.

Remarque. — Il a été déterminé 14 points de la courbe, ayant 14 × 20 m. = 280ᵐ de développement. La longueur totale de l'arc étant de 296ᵐ65ᶜ, il reste 16ᵐ65ᶜ entre les deux derniers points, ce dont l'opérateur s'assure avant de terminer son piquetage (*fig. 4*).

Problème XVIII. — Tracer la même courbe par points distants de 4 m. les uns des autres, au lieu de 20 m.

Solution. — Pour cela, il faut rechercher quels sont les arcs du rayon de 1,000ᵐ qui, multipliés par 0,2, rapport du rayon de la courbe à 1000 $\left(\dfrac{200}{1000}\right)$, donnent successivement les nombres 4, 8, 12, etc.

Dans le cas du problème XVIII, ce sont les arcs des 2ᵉ, 4ᵉ, 6ᵉ, etc. lignes du rayon de 1,000 m. (page 167) qui fournissent les résultats cherchés.

En établissant les proportions :

$$\frac{200}{1000} = \frac{x}{20} = \frac{x'}{0,20} = \frac{x''}{20} ;$$

$$\frac{200}{1000} = \frac{x}{39,99} = \frac{x'}{0,80} = \frac{x''}{40} ;$$

$$\frac{200}{1000} = \frac{x}{59,96} = \frac{x'}{1,80} = \frac{x''}{60} ;$$

etc.

(Les abscisses, ordonnées et arcs cherchés sont représentés dans les proportions ci-dessus par les notations x, x' et x'').

Ce qui revient à multiplier les données des 2ᵉ, 4ᵉ, 6ᵉ, etc. lignes du rayon de 1000 m. par le rapport 0,2, on obtient :

ABSCISSES.	ORDONNÉES.	ARCS.
20 » × 0,2 = 4 »	0 20 × 0,2 = 0 04	20 » × 0,2 = 4 »
39 99 × 0,2 = 7 80	0 80 × 0,2 = 0 16	40 » × 0,2 = 8 »
59 96 × 0,2 = 11 99	1 80 × 0,2 = 0 36	60 » × 0,2 = 12 »
etc.	etc.	etc.

Si l'opérateur avait besoin de points distants de 2 m. les uns des autres, il lui suffirait de multiplier par 0,2, les résultats figurant sur toutes les lignes du rayon de 1000 mètres. S'il était nécessaire d'obtenir des points distants de 8 m. les uns des autres, il faudrait multiplier par le même rapport les résultats des 4e, 8e, 12e, etc., lignes.

Problème XIX. — Tracer une courbe de 85ᵐ 55 de rayon.

Solution. — Ce rayon ne figure pas dans les tables d'ordonnées. Pour avoir les abscisses, ordonnées et arcs d'une courbe de 85 m. 55 de rayon, il suffit de multiplier les résultats consignés au rayon de 1000 m. par le rapport :

$$\frac{85,55}{1000 \text{ »}} = 0,08555.$$

On obtient :

ABSCISSES.	ORDONNÉES.	ARCS.
10 » × 0,08555 = 0,86	0 05 × 0,08555 = 0,004	10 » × 0,08555 = 0,86
20 » × 0,08555 = 1,71	0 20 × 0,08555 = 0,02	20 » × 0,08555 = 1,71
29 99 × 0,08555 = 2,57	0 45 × 0,08555 = 0,04	30 » × 0,08555 = 2,57
. . . .	. . . . . .	. . . . . .
. . . .	. . . . . .	. . . . . .
99 83 × 0,08555 = 8,54	5 » × 0,08555 = 0,43	100 » × 0,08555 = 8,55
. . . .	. . . . . .	. . . . . .

Il suffit que l'opérateur détermine les points dont il a besoin pour le tracé de la courbe.

Partie théorique.

Angle de deux alignements droits quelconques.

Dans l'étude des projets de construction, l'opérateur établit l'axe de la voie par une série de lignes droites dites d'opération, auxquelles sont rattachés les limites des propriétés, les bâtiments, les chemins traversés, les cours d'eau, les fossés, les talus, etc.

Ces lignes forment entre elles des angles plus ou moins ouverts dont le graphomètre donne l'amplitude. En l'absence de cet instrument, l'opération peut-être faite au moyen de la chaîne. Ce mode d'opérer doit même servir à contrôler le résultat donné par le graphomètre, car il offre plus de garantie d'exactitude. On peut donc l'employer exclusivement.

Soient AB et AC (*fig. 1*) deux alignements droits ayant leur point d'intersection en A. On a dans le triangle Amn, en désignant par P le demi-périmètre et par c le côté Am = An = 10 mètres :

$$\sin \frac{1}{2} \text{BAC} = \sqrt{\frac{(p-c)^2}{c^2}} = \frac{p-c}{c}.$$

Connaissant l'angle aigu BAC, on aura l'angle obtus :

$$\text{CAC}' = 180° - \text{BAC}.$$

En appliquant cette formule à un triangle isocèle de 10 m. de côté, et ayant une base de 9^{m}95^c, on a :

$$\sin \frac{1}{2} \text{BAC} = \frac{4,975}{10} = 29° 50' 0'' 4,$$

et BAC = 59° 40', d'où CAC' = 120° 20'.

Plus la longueur prise sur les lignes AB et AC sera grande, plus l'opération aura de chance d'être exacte. J'estime que cette longueur doit être de 20 ou de 30 m. au moins. Dans ce cas, on ramènera la base obtenue à celle des tables, en la divisant par le rapport de 20 ou de 30 à 10, soit par 2 ou par 3 (problèmes I et II).

Remarque. — Si la base du triangle isocèle mesuré était exprimée en millimètres, on établirait la différence entre les deux quantités correspondant aux bases qui comprennent celle sur laquelle on opère, puis on poserait la proportion suivante : *La différence fournie par les tables est à dix millimètres, comme la différence cherchée* x *est à l'excès de la base obtenue sur celle qui la précède immédiatement.* Le résultat

serait ajouté à l'angle répondant à cette dernière base.
Exemple :

La base donnée est de 0^m088^m.
L'angle opposé à celle de 0^m08^c est de. . . . . 0° 27′
Et à celle de 0^m09^c, de. . . . . 0° 31′

La différence est de. : . . . . 0° 4′

On établit la proportion :

$$\frac{4'}{0,04} = \frac{x}{0,088 - 0,08} \quad \text{ou} \quad \frac{4}{40} = \frac{x}{8},$$

en ramenant les quantités au millimètre.

$$\text{D'où } x = \frac{4 \times 8}{40} = 3'.$$

L'angle cherché est de $27 + 3 = 30'$ et son supplément
de $179° 30'$.

De même que dans les calculs logarithmiques concernant les nombres ayant plus de chiffres que le nombre le plus grand des tables, cette proportion n'est pas d'une exactitude rigoureuse, mais elle donne une approximation suffisante.

Éléments des courbes circulaires.

TANGENTES.

Les tangentes AB et AC limitent l'arc de cercle BSC qui leur est substitué (*fig. 2*).

Les données suffisantes pour les évaluer sont le rayon OB′ dont la longueur est subordonnée à la disposition des lieux, et l'angle BAC que l'on calcule comme on vient de le voir.

Le triangle rectangle ABO donne :

$$AB = BO \text{ cot. BAO.}$$

Soient :

$$BAC = 95° 1' \text{ et BO} = 4000^m;$$

on aura :

$$AB = AC = 4000 \times \text{cot. } 47° 30' 30'' = 916^m 06,$$

chiffre donné par les tables (problème III).

ARCS.

Le développement de l'arc s'obtient par la formule :

$$\text{Arc BSC} = \frac{2 \pi \text{ R ang. BOC}}{360°}.$$

En appliquant cette formule à l'exemple précédent, on a :

$$\text{Arc BSC} = \frac{2 \times 3,14159... \times 1000 \times 84° \; 59'}{360°} = 1483^m \, 24.$$

(Dans le calcul, on remplace 84° 59' par 84° 9833..... qu'on obtient par la proportion :

$$\frac{60'}{100} = \frac{59'}{x}, \text{ d'où } x = \frac{59 \times 100}{60} = 9833.....,$$

en désignant par x les unités décimales cherchées).

PARTIES EXTÉRIEURES DES SÉCANTES.

Le triangle rectangle ABO donne :

$$\text{BO} = \text{AO sin BAO, d'où AO} = \frac{\text{BO}}{\text{sin BAO}}.$$

Par suite :

$$\text{AS} = \text{AO} - \text{OS}.$$

En reprenant l'exemple ci-dessus, on a :

$$\text{AO} = \frac{1000}{\text{sin } 47°30 \; 30''} = 1356^m \, 16.$$

$$\text{D'où AS} = 1356,16 - 1000 \; \text{»} = 356^m \, 16,$$

comme l'indiquent les tables (problème III).

REMARQUE I. — Lorsque l'angle des alignements droits est inférieure à 20°, il est préférable de faire passer, par un point P du tracé, une ligne DE (*fig. 5*) à laquelle il est toujours facile de mener une parallèle, si la courbe doit être rapprochée ou éloignée du sommet de l'angle. L'opérateur mesure ensuite les angles BDE et DEC· et trace, autant que possible, deux courbes ayant le même rayon.

Il en est nécessairement de même :

1° Lorsque l'angle, étant plus grand que 20°, des obstacles s'opposent à la détermination du point A ;

Et 2° lorsque la courbe a un développement égal ou supérieur à une demi-circonférence (*fig. 6*).

REMARQUE II. — Quand le rayon à adopter n'est pas de 1000 m., il suffit, pour obtenir les éléments de la courbe, de multiplier le rapport du rayon du projet à celui des tables par les nombres portés dans les colonnes 2, 3 et 4 correspondant à l'angle des alignements droits.

Les triangles BAO et *b*A*o* (*fig. 7*) sont en effet semblables, comme étant équiangles, de même que les triangles BDA, et *bd*A, donc la proportionnalité des côtés existe ; en outre, les arcs DDC et *bdc* sont entre eux comme les rayons OB et *ob*.

Ordonnées.

Soit à calculer l'ordonnée y (*fig.* 8) de l'abscisse x.

Il faut d'abord évaluer x.

Soit α l'amplitude de l'angle opposé à l'arc a intercepté sur la courbe entre le point de tangence et l'ordonnée y. Joignant au centre de la circonférence les deux extrémités de l'arc a, on a un triangle isocèle dont les deux côtés sont égaux au rayon r et dont chacun des angles à la base a pour valeur :

$$\frac{180° - \alpha}{2} \text{ ou } 90° - \frac{\alpha}{2}.$$

Désignant par c la corde de l'arc a et observant que l'angle β est égal à $\frac{\alpha}{2}$, on a :

$$x = c \cos \frac{\alpha}{2}$$

Mais le triangle isocèle crr donne :

$$\frac{c}{r} = \frac{\sin \alpha}{\sin 90° - \frac{\alpha}{2}} = \frac{\sin \alpha}{\cos \frac{\alpha}{2}},$$

Donc :

$$c = \frac{r \sin \alpha}{\cos \frac{\alpha}{2}},$$

D'où :

$$x = \frac{r \sin \alpha \cos \frac{\alpha}{2}}{\cos \frac{\alpha}{2}} = r \sin \alpha.$$

$$\left(\text{On déduit } \alpha \text{ de la formule : arc } a = \frac{2 \pi r \alpha}{360°},\right.$$

$$\left. \text{d'où : } \alpha = \frac{\text{arc } a \, 360°}{2 \pi r}\right).$$

Connaissant x, on obtient y par l'équation :

$$y = r - \sqrt{r^2 - x^2},$$

que l'on trouve en menant x' parallèle à x. On a successivement :

$$y = r - (r - y)$$

$$\text{et } r^2 = x^2 + (r - y)^2, \text{ puis } r^2 - x^2 = (r - y)^2$$

et enfin : $r - y = \sqrt{r^2 - x^2}$, d'où $y = r - \sqrt{r^2 - x^2}$. (1)

---

(1) On peut déduire y de l'expression : $y = \sqrt{c^2 - x^2}$, l'inconnue c pouvant s'obtenir par la formule ci-dessus trouvée :

$$c = \frac{r \sin \alpha}{\cos \frac{\alpha}{2}}.$$

Soit à appliquer les formules donnant les valeurs de x et de y à la détermination d'un point d'une courbe de 200 m. de rayon, à 60 m. du point de tangence, mesurés sur l'arc (*fig.* 4).

L'angle opposé à l'arc de 60 m. sera donné par la formule suivante :

$$\frac{60 \times 360}{2 \, \pi \, 200}.$$

Il est de 17° 1887.... ou 17° 11′ 19″ 3.

On aura ensuite :

$$x = 200 \times \sin 17° 11′ 19″ 3 = 59^{m} 10.....$$

et :

$$y = 200 - \sqrt{200^2 - 59,10...^2} = 8^{m} 93.$$

REMARQUE I. — Il peut arriver qu'un obstacle, accident de terrain, cours d'eau, constructions, plantations, etc., s'oppose à ce que l'opérateur se meuve entre la tangente et la courbe. Dans ce cas, il suffit de mener une parallèle à la tangente, à partir d'un des points de la courbe qu'il a été possible de déterminer. Les opérations sont continuées en tenant compte de la distance de la parallèle à la tangente et de celle de la dernière abscisse au point de tangence. Ce mode très-simple d'opérer permet, au besoin, de tracer une courbe, connaissant une seule tangente, et de suppléer à l'insuffisance du nombre des ordonnées. Ce dernier cas ne se présente que rarement, les ordonnées ayant été calculées en nombre suffisant pour effectuer le tracé des courbes de 5 m à 500 m. sous un angle de 60°. de celles de 600 m à 5000 m,, sous des angles de 80 à 160°, sauf pour le rayon de 1000 m., dont les ordonnées sont plus nombreuses et suffisent à la détermination des courbes remplaçant des alignements droits formant un angle de 60°. A l'aide d'autant de parallèles que la situation l'exige, l'opérateur ne se meut que dans un espace très-restreint.

REMARQUE II. — Les tables donnent des points suffisamment rapprochés, dans la plupart des cas, pour décrire les courbes. On peut, au cas échéant, en augmenter facilement le nombre, en plantant à vue un assez grand nombre de jalons. On obtient ainsi une courbe aussi régulière que de nombreuses ordonnées mesurées à la chaîne. Cette opération est, en effet, susceptible d'inexactitudes insensibles, mais presque inséparables de tout travail graphique, si l'on n'opère pas avec la plus grande précision.

Toutefois, l'opérateur peut augmenter le nombre des

ordonnées en procédant, comme il est dit aux problèmes XVIII et XIX. En effet, j'observe (*fig.* 9) que les triangles xyc et $x'y'c'$ ont leurs côtés parallèles et sont semblables.

Ils donnent :

$$\frac{\mathrm{R}}{r} = \frac{x}{x'} = \frac{y}{y'},$$

d'où :

$$x' = x\ \frac{r}{\mathrm{R}} \quad \text{et}\ y' = y\ \frac{r}{\mathrm{R}}.$$

De ces formules, il est facile de déduire la solution des problèmes dont il s'agit.

REMARQUE III. — Les ordonnées sur la corde et sur le rayon sont rarement employées, mais il est bon d'avoir sous les yeux les formules à l'aide desquelles elles sont calculées. Je les donne ci-dessous.

1° Sur la corde. — L'ordonnée MM' (*fig.* 10) ou $y = \mathrm{DE} = \mathrm{OD} - \mathrm{OE}$

$$\text{Or, OD} = \sqrt{r^2 - \mathrm{M'E}^2}$$

$$\text{et OE} = \frac{\mathrm{BO}^2}{\mathrm{AO}} = \frac{r^2}{\sqrt{r^2 + \mathrm{AB}^2}}$$

$$\text{D'où } y = \sqrt{r^2 - \mathrm{M'E}^2} - \frac{r^2}{\sqrt{r^2 + \mathrm{AB}^2}}$$

$$= \sqrt{r^2 - x^2} - \frac{r^2}{\sqrt{r^2 + \mathrm{T}^2}},$$

en désignant l'abscisse M'E par x, et la tangente par T.

2° Sur le rayon. — L'ordonnée NN' (*fig.* 10) est moyenne proportionnelle entre l'abscisse $\mathrm{BN'} = x$ et le diamètre $2r$ diminué de x. On a donc :

$$y = \sqrt{x - (2r - x)}.$$

I. — ANGLES

DES ALIGNEMENTS DROITS.

ANGLES DES ALIGNEMENTS DROITS.

LONGUEUR de la Base du Triangle isocèle mesuré.	AMPLITUDE de l'Angle opposé.	SUPPLÉMENT.	LONGUEUR de la Base du triangle isocèle mesuré.	AMPLITUDE de l'Angle opposé.	SUPPLÉMENT.	LONGUEUR de la Base du triangle isocèle mesuré.	AMPLITUDE de l'Angle opposé.	SUPPLÉMENT.
0m01	0° 3'	179°57'	0m36	2° 4'	177 56'	0m71	4° 4'	175°56'
0 02	0 7	179 53	0 37	2 7	177 53	0 72	4 7	175 53
0 03	0 10	179 50	0 38	2 11	177 49	0 73	4 11	175 49
0 04	0 14	179 46	0 39	2 14	177 46	0 74	4 14	175 46
0 05	0 17	179 43	0 40	2 17	177 43	0 75	4 18	175 42
0 06	0 21	179 39	0 41	2 21	177 39	0 76	4 21	175 39
0 07	0 24	179 36	6 42	2 24	177 36	0 77	4 25	175 3·
0 08	0 27	179 33	0 43	2 28	177 32	0 78	4 28	175 32
0 09	0 31	179 29	0 44	2 31	177 29	0 79	4 32	175 28
0 10	0 34	179 26	0 45	2 35	177 25	0 80	4 35	175 25
0 11	0 38	179 22	0 46	2 38	177 22	0 81	4 39	175 21
0 12	0 41	179 19	0 47	2 42	177 18	0 82	4 42	175 18
0 13	0 45	179 15	0 48	2 45	77 15	0 83	4 45	175 15
0 14	0 48	179 12	0 49	2 48	177 12	0 84	4 49	175 11
0 15	0 52	179 8	0 5	2 52	177 8	0 85	4 52	175 8
0 16	0 55	179 5	0 51	2 55	177 5	0 86	4 56	175 4
0 17	0 58	179 2	0 52	2 59	177 1	0 87	4 59	175 1
0 18	1 2	178 58	0 53	3 2	176 58	0 88	5 3	174 57
0 19	1 5	178 55	0 54	3 6	176 54	0 89	5 6	174 54
0 20	1 9	178 51	0 55	3 9	176 51	0 90	5 9	174 51
0 21	1 12	178 48	0 56	3 13	176 47	0 91	5 13	174 47
0 22	1 15	178 45	0 57	3 16	176 44	0 92	5 16	174 44
0 23	1 19	178 41	0 58	3 19	176 41	0 93	5 20	174 40
0 24	1 22	178 38	0 59	3 23	176 37	0 94	5 23	174 37
0 25	1 26	178 34	0 60	3 26	176 34	0 95	5 27	174 33
0 26	1 29	178 31	0 61	3 30	176 30	0 96	5 30	174 30
0 27	1 33	178 27	0 62	3 33	176 27	0 97	5 34	174 26
0 28	1 36	178 24	0 63	3 37	176 23	0 98	5 37	174 23
0 29	1 40	178 20	0 64	3 40	176 20	0 99	5 40	174 20
0 30	1 43	178 17	0 65	3 43	176 17	1 00	5 44	174 16
0 31	1 46	178 14	0 66	3 47	176 13	1 01	5 48	174 12
0 32	1 50	178 10	0 67	3 50	176 10	1 02	5 51	174 9
0 33	1 53	178 7	0 68	3 54	176 6	1 03	5 54	174 6
0 34	1 57	178 3	0 69	3 57	176 3	1 04	5 58	174 2
0 35	2 »	178 0	0 70	4 1	175 59	1 05	6 1	173 59

LONGUEUR de la Base du triangle isocèle mesuré.	AMPLITUDE de l'Angle opposé.	SUPPLÉMENT.	LONGUEUR de la Base du triangle isocèle mesuré.	AMPLITUDE de l'Angle opposé.	SUPPLÉMENT.	LONGUEUR de la Base du triangle isocèle mesuré.	AMPLITUDE de l'Angle opposé.	SUPPLÉMENT.
1ᵐ06	6° 5′	173°55′	1ᵐ41	8° 5′	174°55′	1ᵐ76	10° 6′	169°54′
1 07	6 8	173 52	1 42	8 9	74 51	1 77	10 9	169 51
1 08	6 11	173 49	1 43	8 12	171 48	1 78	10 13	169 47
1 09	6 15	173 45	1 44	8 15	171 45	1 79	10 16	169 44
1 10	6 18	173 42	1 45	8 19	171 41	1 80	10 20	169 40
1 11	6 22	173 38	1 46	8 22	171 38	1 81	10 23	169 37
1 12	6 25	173 35	1 47	8 26	171 34	1 82	10 27	169 33
1 13	6 29	173 31	1 48	8 29	171 31	1 83	10 30	169 30
1 14	6 32	173 28	1 49	8 33	171 27	1 84	10 33	169 27
1 15	6 36	173 24	1 50	8 36	171 24	1 85	10 37	169 23
1 16	6 39	173 21	1 51	8 40	171 20	1 86	10 40	169 20
1 17	6 42	173 18	1 52	8 43	171 17	1 87	10 44	169 16
1 18	6 46	173 14	1 53	8 46	171 14	1 88	10 47	169 13
1 19	6 49	73 11	1 54	8 50	171 10	1 89	10 51	169 9
1 20	6 52	173 8	1 55	8 53	171 7	1 90	10 54	169 6
1 21	6 56	173 4	1 56	8 57	171 3	1 91	10 58	169 2
1 22	7 0	173 0	1 57	9 1	170 59	1 92	11 4	168 59
1 23	7 3	172 57	1 58	9 4	170 56	1 93	11 5	168 55
1 24	7 7	172 53	1 59	9 7	170 53	1 94	11 8	168 52
1 25	7 10	172 50	1 60	9 11	170 49	1 95	11 11	168 49
1 26	7 13	172 47	1 61	9 14	170 46	1 96	11 15	168 45
1 27	7 17	172 43	1 62	9 18	170 42	1 97	11 18	168 42
1 28	7 20	172 40	1 63	9 21	170 39	1 98	11 22	168 38
1 29	7 23	172 37	1 64	9 24	170 36	1 99	11 25	168 35
1 30	7 27	172 33	1 65	9 28	170 32	2 00	11 29	168 31
1 31	7 31	172 29	1 66	9 31	170 29	2 01	11 32	168 28
1 32	7 34	172 26	1 67	9 35	170 25	2 02	11 36	168 24
1 33	7 38	172 22	1 68	9 38	170 22	2 03	11 39	168 21
1 34	7 41	172 19	1 69	9 42	170 18	2 04	11 43	168 17
1 35	7 44	172 16	1 70	9 45	170 15	2 05	11 46	168 14
1 36	7 48	172 12	1 71	9 49	170 11	2 06	11 49	168 11
1 37	7 51	172 9	1 72	9 52	170 8	2 07	11 53	168 7
1 38	7 55	172 5	1 73	9 55	170 5	2 08	11 56	168 4
1 39	7 58	172 2	1 74	9 59	170 1	2 09	12 0	168 0
1 40	8 2	171 58	1 75	10 2	169 58	2 10	12 3	167 57

LONGUEUR de la Base du triangle isocèle mesuré.	AMPLITUDE de l'Angle opposé.	SUPPLÉMENT.	LONGUEUR de la Base du triangle isocèle mesuré.	AMPLITUDE de l'Angle opposé.	SUPPLÉMENT.	LONGUEUR de la Base du triangle isocèle mesuré.	AMPLITUDE de l'Angle opposé.	SUPPLÉMENT.
2ᵐ11	12° 7'	167°53'	2ᵐ46	14° 8'	156°52'	2ᵐ81	16° 9'	163°51'
2 12	12 10	167 50	2 47	14 11	156 49	2 82	16 13	163 47
2 13	12 14	167 46	2 48	14 15	165 45	2 83	16 16	163 44
2 14	12 17	167 43	2 49	14 18	165 42	2 84	16 20	163 40
2 15	12 21	167 39	2 50	14 22	165 38	2 85	16 23	163 37
2 16	12 24	167 36	2 51	14 25	165 35	2 86	16 27	163 33
2 17	12 27	167 33	2 52	14 28	165 32	2 87	16 30	163 30
2 18	12 31	167 29	2 53	14 32	165 28	2 88	16 34	163 26
2 19	12 34	167 26	2 54	14 36	165 24	2 89	16 37	163 23
2 20	12 38	167 22	2 55	14 39	165 21	2 90	16 40	163 20
2 21	12 41	167 19	2 56	14 42	165 18	2 91	16 44	163 16
2 22	12 45	167 15	2 57	14 46	165 14	2 92	16 47	163 13
2 23	12 48	167 12	2 58	14 49	165 11	2 93	16 51	163 9
2 24	12 52	167 8	2 59	14 53	165 7	2 94	16 54	163 6
2 25	12 55	168 5	2 60	14 56	165 4	2 95	16 58	163 2
2 26	12 59	167 1	2 61	15 0	165 0	2 96	17 1	162 59
2 27	13 2	166 58	2 62	15 3	164 57	2 97	17 5	162 55
2 28	13 5	166 55	2 63	15 7	164 53	2 98	17 8	162 52
2 29	13 9	166 51	2 64	15 10	164 50	2 99	17 12	162 48
2 30	13 12	166 48	2 65	15 14	164 46	3 00	17 15	162 45
2 31	13 16	162 44	2 66	15 17	164 43	3 01	17 19	162 41
2 32	13 19	166 41	2 67	15 21	164 39	3 02	17 22	162 38
2 33	13 23	166 37	2 68	15 24	164 36	3 03	17 26	162 34
2 34	13 26	166 34	2 69	15 28	164 32	3 04	17 29	162 31
2 35	13 30	166 30	2 70	15 31	164 29	3 05	17 33	162 27
2 36	13 33	166 27	2 71	15 34	164 26	3 06	17 36	162 24
2 37	13 37	166 23	2 72	15 38	164 22	3 07	17 40	162 20
2 38	13 40	166 20	2 73	15 41	164 19	3 08	17 43	162 17
2 39	13 44	166 16	2 74	15 45	164 15	3 09	17 47	162 13
2 40	13 47	166 13	2 75	15 48	164 12	3 10	17 50	162 10
2 41	13 51	166 9	2 76	15 52	164 8	3 11	17 53	162 7
2 42	13 54	166 6	2 77	15 55	164 5	3 12	17 57	162 3
2 43	13 57	166 3	2 78	15 59	164 1	3 13	18 0	162 0
2 44	14 1	165 59	2 79	16 3	163 57	3 14	18 4	161 56
2 45	14 4	165 56	2 80	16 6	163 54	3 15	18 7	161 53

LONGUEUR de la Base du triangle isocèle mesuré.	AMPLITUDE de l'Angle opposé.	SUPPLÉMENT.	LONGUEUR de la Base du triangle isocèle mesuré.	AMPLITUDE de l'Angle opposé.	SUPPLÉMENT.	LONGUEUR de la Base du triangle isocèle mesuré.	AMPLITUDE de l'Angle opposé.	SUPPLÉMENT
3m16	18°11'	161°49'	3m51	20°13'	159°47'	3m86	22°15'	157°45'
3 17	18 14	161 46	3 52	20 16	159 44	3 87	22 19	157 41
3 18	18 18	161 42	3 53	20 20	159 40	3 88	22 22	157 38
3 19	18 21	161 39	3 54	20 23	159 37	3 89	22 26	157 34
3 20	18 25	161 35	3 55	20 27	159 33	3 90	22 29	157 31
3 21	18 28	161 32	3 56	20 30	159 30	3 91	22 33	157 27
3 22	18 32	161 28	3 57	20 34	159 26	3 92	22 36	157 24
3 23	18 35	161 25	3 58	20 37	159 23	3 93	22 40	157 20
3 24	18 39	161 21	3 59	20 41	159 19	3 94	22 43	57 17
3 25	18 42	161 18	3 60	20 44	159 16	3 95	22 47	157 13
3 26	18 46	161 14	3 61	20 48	159 12	3 96	22 50	158 10
3 27	18 49	161 11	3 62	20 51	159 9	3 97	22 54	157 6
3 28	18 52	161 8	3 63	20 55	159 5	3 98	22 57	157 3
3 29	18 56	161 4	3 64	20 58	159 2	3 99	23 1	156 59
3 30	19 0	161 0	3 65	21 2	158 58	4 00	23 4	156 56
3 31	19 4	160 56	3 66	21 5	58 55	4 01	23 8	156 52
3 32	19 7	160 53	3 67	21 9	158 51	4 02	23 11	156 49
3 33	19 11	160 49	3 68	21 12	158 48	4 03	23 15	156 45
3 34	19 14	160 46	3 69	21 16	158 44	4 04	23 18	156 42
3 35	19 17	160 43	3 70	21 19	158 41	4 05	23 22	156 38
3 36	19 21	160 39	3 71	21 23	158 37	4 06	23 25	156 35
3 37	19 24	160 36	3 72	21 26	158 34	4 07	23 29	156 31
3 38	19 28	160 32	3 73	21 30	158 30	4 08	23 33	156 27
3 39	19 31	160 29	3 74	21 33	158 27	4 09	23 36	156 24
3 40	19 35	160 25	3 75	21 37	158 23	4 10	23 40	156 20
3 41	19 38	160 22	3 76	21 40	158 20	4 11	23 43	156 17
3 42	19 41	160 19	3 77	21 44	158 16	4 12	23 47	156 13
3 43	19 45	160 15	3 78	21 47	158 13	4 13	23 50	156 10
3 44	19 48	160 12	3 79	21 51	158 9	4 14	23 54	156 6
3 45	19 52	160 8	3 80	21 54	158 6	4 15	23 57	156 3
3 46	19 55	160 5	3 81	21 58	158 2	4 16	24 0	156 0
3 47	19 59	160 1	3 82	22 1	157 59	4 17	24 4	155 56
3 48	20 2	159 58	3 83	22 5	157 55	4 18	24 8	155 52
3 49	20 6	159 54	3 84	22 8	157 52	4 19	24 11	155 49
3 50	20 9	159 51	3 85	22 12	157 48	4 20	24 15	155 45

LONGUEUR de la Base du triangle isocèle mesuré.	AMPLITUDE de l'Angle opposé.	SUPPLÉMENT.	LONGUEUR de la Base du triangle isocèle mesuré.	AMPLITUDE de l'Angle opposé.	SUPPLÉMENT.	LONGUEUR de la Base du triangle isocèle mesuré.	AMPLITUDE de l'Angle opposé.	SUPPLÉMENT
4m24	24°18'	155°42'	4m56	26°22'	153°38'	4m91	28°25'	151°35'
4 22	24 22	155 38	4 57	26 25	153 35	4 92	28 29	151 31
4 23	24 25	155 35	4 58	26 29	153 31	4 93	28 32	151 28
4 24	24 29	155 31	4 59	26 32	153 28	4 94	28 36	151 24
4 25	24 32	155 28	4 60	26 36	153 24	4 95	28 40	151 20
4 26	24 36	155 24	4 61	26 39	153 21	4 96	28 43	151 17
4 27	24 39	155 21	4 62	26 43	153 17	4 97	28 47	151 13
4 28	24 43	155 17	4 63	26 46	153 14	4 98	28 50	151 10
4 29	24 46	155 14	4 64	26 50	153 10	4 99	28 54	151 6
4 30	24 50	155 10	4 65	26 53	153 7	5 00	28 57	151 3
4 31	24 53	155 7	4 66	26 57	153 3	5 01	29 1	150 59
4 32	24 57	155 3	4 67	27 0	153 0	5 02	29 4	150 56
4 33	25 0	155 0	4 68	27 4	152 56	5 03	29 8	150 52
4 34	25 4	154 56	4 69	27 7	152 53	5 04	29 11	150 49
4 35	25 7	154 53	4 70	27 11	152 49	5 05	29 15	150 45
4 36	25 11	154 49	4 71	27 15	152 45	5 06	29 19	150 41
4 37	25 15	154 45	4 72	27 18	152 42	5 07	29 22	150 38
4 38	25 18	154 42	4 73	27 22	152 38	5 08	29 26	150 34
4 39	25 22	154 38	4 74	27 25	152 35	5 09	29 29	150 31
4 40	25 25	154 35	4 75	27 29	152 31	5 10	29 33	150 27
4 41	25 29	154 31	4 76	27 32	152 28	5 11	29 36	150 24
4 42	25 32	154 28	4 77	27 36	152 24	5 12	29 40	150 20
4 43	25 36	154 24	4 78	27 39	152 21	5 13	29 43	150 17
4 44	25 39	154 21	4 79	27 43	152 17	5 14	29 47	150 13
4 45	25 43	154 47	4 80	27 46	152 14	5 15	29 51	150 9
4 46	25 46	154 14	4 81	27 50	152 10	5 16	29 54	150 6
4 47	25 50	154 10	4 82	27 53	152 7	5 17	29 58	150 2
4 48	25 54	154 6	4 83	27 57	152 3	5 18	30 1	149 59
4 49	25 57	154 3	4 84	28 1	151 59	5 19	30 5	149 54
4 50	26 0	154 0	4 85	28 4	151 56	5 20	30 8	149 52
4 51	26 4	153 56	4 86	28 8	151 52	5 21	30 12	149 48
4 52	26 7	153 53	4 87	28 11	151 49	5 22	30 16	149 44
4 53	26 11	153 49	4 88	28 15	151 45	5 23	30 19	149 41
4 54	26 14	153 46	4 89	28 18	151 42	5 24	30 23	149 37
4 55	26 18	153 42	4 90	28 22	151 38	5 25	30 26	149 34

LONGUEUR de la Base du triangle isocèle mesuré.	AMPLITUDE de l'Angle opposé.	SUPPLÉMENT.	LONGUEUR de la Base du triangle isocèle mesuré.	AMPLITUDE de l'Angle opposé.	SUPPLÉMENT.	LONGUEUR de la Base du triangle isocèle mesuré.	AMPLITUDE de l'Angle opposé.	SUPPLÉMENT.
5ᵐ26	30°30′	149°30′	5ᵐ61	32°35′	147°25′	5ᵐ96	34°40′	145°20′
5 27	30 33	149 27	5 62	32 38	147 22	5 97	34 44	145 16
5 28	30 37	149 23	5 63	32 42	147 18	5 98	34 48	145 12
5 29	30 40	149 20	5 64	32 45	147 15	5 99	34 51	145 9
5 30	30 44	149 16	5 65	32 49	147 11	6 00	34 55	145 5
5 31	30 48	149 12	5 66	32 53	147 7	6 01	34 58	145 2
5 32	30 51	149 9	5 67	32 56	147 4	6 02	35 2	144 58
5 33	30 55	149 5	5 68	33 0	147 0	6 03	35 6	144 54
5 34	30 58	149 2	5 69	33 3	146 57	6 04	35 9	144 51
5 35	31 2	148 58	5 70	33 7	146 53	6 05	35 13	144 47
5 36	31 5	148 55	5 71	33 11	146 49	6 06	35 17	144 43
5 37	31 9	148 51	5 72	33 14	146 46	6 07	35 20	144 40
5 38	31 13	148 47	5 73	33 18	146 42	6 08	35 24	144 36
5 39	31 16	148 44	5 74	33 21	146 39	6 09	35 27	144 33
5 40	31 20	148 40	5 75	33 25	146 35	6 10	35 31	144 29
5 41	31 23	148 37	5 76	33 29	146 31	6 11	35 35	144 25
5 42	31 27	148 33	5 77	33 32	146 28	6 12	35 38	144 22
5 43	31 30	148 30	5 78	33 36	146 24	6 13	35 42	144 18
5 44	31 34	148 26	5 79	33 39	146 21	6 14	35 45	144 15
5 45	31 38	148 22	5 80	33 43	146 17	6 15	35 49	144 11
5 46	31 41	148 19	5 81	33 47	146 13	6 16	35 53	144 7
5 47	31 45	148 15	5 82	33 50	146 10	6 17	35 56	144 4
5 48	31 48	148 12	5 83	33 54	146 6	6 18	36 0	144 0
5 49	31 52	148 8	5 84	33 57	146 3	6 19	36 3	143 57
5 50	31 55	148 5	5 85	34 1	145 59	6 20	36 7	143 53
5 51	31 59	148 1	5 86	34 4	145 56	6 21	36 11	143 49
5 52	32 3	147 57	5 87	34 8	145 52	6 22	36 14	143 46
5 53	32 6	147 54	5 88	34 12	145 48	6 23	36 18	143 42
5 54	32 10	147 50	5 89	34 15	145 45	6 24	36 22	143 38
5 55	32 13	147 47	5 90	34 19	145 41	6 25	36 25	143 35
5 56	32 17	147 43	5 91	34 22	145 38	6 26	36 29	143 31
5 57	32 20	147 40	5 92	34 26	145 34	6 27	36 32	143 28
5 58	32 24	147 36	5 93	34 30	145 30	6 28	36 36	143 24
5 59	32 28	147 32	5 94	34 33	145 27	6 29	36 40	143 20
5 60	32 31	147 29	5 95	34 37	145 23	6 30	36 43	143 17

LONGUEUR de la Base du triangle isocèle mesuré.	AMPLITUDE de l'Angle opposé.	SUPPLÉMENT.	LONGUEUR de la Base du triangle isocèle mesuré.	AMPLITUDE de l'Angle opposé.	SUPPLÉMENT.	LONGUEUR de la Base du triangle isocèle mesuré.	AMPLITUDE de l'Angle opposé.	SUPPLÉMENT.
6ᵐ31	36°47′	143°13′	6ᵐ66	38°54′	141° 6′	7ᵐ01	41° 2′	138°58′
6 32	36 51	143 9	6 67	38 58	141 2	7 02	41 6	138 54
6 33	36 54	143 6	6 68	39 1	140 59	7 03	41 9	138 51
6 34	36 58	143 2	6 69	39 5	140 55	7 04	41 13	138 47
6 35	37 1	142 59	6 70	39 9	140 51	7 05	41 17	138 43
6 36	37 5	142 55	6 71	39 12	140 48	7 06	41 20	138 40
6 37	37 9	142 51	6 72	39 16	140 44	7 07	41 24	138 36
6 38	37 12	142 48	6 73	39 20	140 40	7 08	41 28	138 32
6 39	37 16	142 44	6 74	39 23	140 37	7 09	41 32	138 28
6 40	37 20	142 40	6 75	39 27	140 33	7 10	41 35	138 25
6 41	37 23	142 37	6 76	39 31	140 29	7 11	41 39	138 21
6 42	37 27	142 33	6 77	39 34	140 26	7 12	41 43	138 17
6 43	37 30	142 30	6 78	39 38	140 22	7 13	41 46	138 14
6 44	37 34	142 26	6 79	39 42	140 18	7 14	41 50	138 10
6 45	37 38	142 22	6 80	39 45	140 15	7 15	41 54	138 6
6 46	37 41	142 19	6 81	39 49	140 11	7 16	41 57	138 3
6 47	37 45	142 15	6 82	39 53	140 7	7 17	42 1	137 59
6 48	37 49	142 11	6 83	39 56	140 4	7 18	42 5	137 55
6 49	37 52	142 8	6 84	40 0	140 0	7 19	42 8	137 52
6 50	37 56	142 4	6 85	40 3	139 57	7 20	42 12	137 48
6 51	37 59	142 1	6 86	40 7	139 53	7 21	42 16	137 44
6 52	38 3	141 57	6 87	40 11	139 49	7 22	42 19	137 41
6 53	38 7	141 53	6 88	40 14	139 46	7 23	42 23	137 37
6 54	38 10	141 50	6 89	40 18	139 42	7 24	42 27	137 33
6 55	38 14	141 46	6 90	40 22	139 38	7 25	42 30	137 30
6 56	38 18	141 42	6 91	40 25	139 35	7 26	42 34	137 26
6 57	38 21	141 39	6 92	40 29	139 31	7 27	42 38	137 22
6 58	38 25	141 35	6 93	40 33	139 27	7 28	42 42	137 18
6 59	38 29	141 31	6 94	40 36	139 24	7 29	42 46	137 14
6 60	38 32	141 28	6 95	40 40	139 20	7 30	42 49	137 11
6 61	38 36	141 24	6 96	40 44	139 16	7 31	42 53	137 7
6 62	38 40	141 20	6 97	40 47	139 13	7 32	42 56	137 4
6 63	38 43	141 17	6 98	40 51	139 9	7 33	43 0	137 0
6 64	38 47	141 13	6 99	40 55	139 5	7 34	43 4	136 56
6 65	38 50	141 10	7 00	40 58	139 2	7 35	43 7	136 53

LONGUEUR de la Base du triangle isocèle mesuré.	AMPLITUDE de l'Angle opposé.	SUPPLÉMENT.	LONGUEUR de la Base du triangle isocèle mesuré.	AMPLITUDE de l'Angle opposé.	SUPPLÉMENT.	LONGUEUR de la Base du triangle isocèle mesuré.	AMPLITUDE de l'Angle opposé.	SUPPLÉMENT.
7m36	43°11′	136°49′	7m71	45°21′	134°39′	8m06	47°32′	132°28′
7 37	43 15	136 45	7 72	45 25	134 35	8 07	47 36	132 24
7 38	43 18	136 42	7 73	45 28	134 32	8 08	47 39	132 21
7 39	43 22	136 38	7 74	45 32	134 28	8 09	47 43	132 17
7 40	43 26	136 34	7 75	45 36	134 24	8 10	47 47	132 13
7 41	43 30	136 30	7 76	45 40	134 20	8 11	47 51	132 9
7 42	43 33	136 27	7 77	45 43	134 17	8 12	47 54	132 6
7 43	43 37	136 23	7 78	45 47	134 13	8 13	47 58	132 2
7 44	43 41	136 19	7 79	45 51	134 9	8 14	48 2	131 58
7 45	43 44	136 16	7 80	45 55	134 5	8 15	48 6	131 54
7 46	43 48	136 12	7 81	45 58	134 2	8.16	48 9	131 51
7 47	43 51	136 9	7 82	46 2	133 58	8 17	48 13	131 47
7 48	43 55	136 5	7 83	46 6	133 54	8 18	48 17	131 43
7 49	43 59	136 1	7 84	46 9	133 51	8 19	48 21	131 39
7 50	44 3	135 57	7 85	46 13	133 47	8 20	48 25	131 35
7 51	44 7	135 53	7 86	46 17	133 43	8 21	48 28	131 32
7 52	44 10	135 50	7 87	46 21	133 39	8 22	48 32	131 28
7 53	44 14	135 46	7 88	46 24	133 36	8 23	48 36	131 24
7 54	44 18	135 42	7 89	46 28	133 32	8 24	48 40	131 20
7 55	44 21	135 39	7 90	46 32	133 28	8 25	48 43	131 17
7 56	44 25	135 35	7 91	46 36	133 24	8 26	48 47	131 13
7 57	44 29	135 31	7 92	46 39	133 21	8 27	48 51	131 9
7 58	44 33	135 27	7 93	46 43	133 17	8 28	48 55	131 5
7 59	44 36	135 24	7 94	46 47	133 13	8 29	48 59	131 1
7 60	44 40	135 20	7 95	46 51	133 9	8 30	49 3	130 57
7 61	44 44	135 16	7 96	46 54	133 6	8 31	49 6	130 54
7 62	44 47	135 13	7 97	46 58	133 2	8 32	49 10	130 50
7 63	44 51	135 9	7 98	47 2	132 58	8 33	49 14	130 46
7 64	44 55	135 5	7 99	47 6	132 54	8 34	49 18	130 42
7 65	44 59	135 1	8 00	47 9	132 51	8 35	49 21	130 39
7 66	45 2	134 58	8 01	47 13	132 47	8 36	49 25	130 35
7 67	45 6	134 54	8 02	47 17	132 43	8 37	49 29	130 31
7 68	45 10	134 50	8 03	47 21	133 39	8 38	49 33	130 27
7 69	45 14	134 46	8 04	47 24	132 36	8 39	49 36	130 24
7 70	45 17	134 43	8 05	47 28	132 32	8 40	49.40	130 20

LONGUEUR de la Base du triangle isocèle mesuré.	AMPLITUDE de l'Angle opposé.	SUPPLÉMENT.	LONGUEUR de la Base du triangle isocèle mesuré.	AMPLITUDE de l'Angle opposé.	SUPPLÉMENT.	LONGUEUR de la Base du triangle isocèle mesuré.	AMPLITUDE de l'Angle opposé.	SUPPLÉMENT.
8m41	49°44'	130°16'	8m76	51°57'	128° 3'	9m11	54°12'	125°48'
8 42	49 48	130 12	8 77	52 1	127 59	9 12	54 15	125 45
8 43	49 52	130 8	8 78	52 5	127 55	9 13	54 19	125 41
8 44	49 55	130 5	8 79	52 9	127 51	9 14	54 23	125 37
8 45	49 59	130 1	8 80	52 12	127 48	9 15	54 27	125 33
8 46	50 3	129 57	8 81	52 16	127 44	9 16	54 31	125 29
8 47	50 7	129 53	8 82	52 20	127 40	9 17	54 35	125 25
8 48	50 10	129 50	8 83	52 24	127 36	9 18	54 39	125 21
8 49	50 14	129 46	9 84	52 28	127 32	9 19	54 43	125 17
8 50	50 18	129 42	8 85	52 32	127 28	9 20	54 46	125 14
8 51	50 22	129 38	8 86	52 35	127 25	9 21	54 50	125 10
8 52	50 26	129 34	8 87	52 39	127 21	9 22	54 54	125 6
8 53	50 29	129 31	8 88	52 43	127 17	9 23	54 58	125 2
8 54	50 33	129 27	8 89	52 47	127 13	9 24	55 2	124 58
8 55	50 37	129 23	8 90	52 51	127 9	9 25	55 6	124 54
8 56	50 41	129 19	8 91	52 54	127 6	9 26	55 10	124 50
8 57	50 45	129 15	8 92	52 59	127 1	9 27	55 14	124 46
8 58	50 48	129 12	8 93	53 2	126 58	9 28	55 17	124 43
8 59	50 52	129 8	8 94	53 6	126 54	9 29	55 21	124 39
8 60	50 56	129 4	8 95	53 10	126 50	9 30	55 25	124 35
8 61	51 0	129 0	8 96	53 14	126 46	9 31	55 29	124 31
8 62	51 4	128 56	8 97	53 18	126 42	9 32	55 33	124 27
8 63	51 8	128 52	8 98	53 22	126 38	9 33	55 37	124 23
8 64	51 11	128 49	8 99	53 25	126 35	9 34	55 41	124 19
8 65	51 15	128 45	9 00	53 29	126 31	9 35	55 45	124 15
8 66	51 19	128 41	9 01	53 33	126 27	9 36	55 49	124 11
8 67	51 23	128 37	9 02	53 37	126 23	9 37	55 52	124 8
8 68	51 27	128 33	9 03	53 41	126 19	9 38	55 56	124 4
8 69	51 30	128 30	9 04	53 45	126 15	9 39	56 0	124 0
8 70	51 34	128 26	9 05	53 48	126 12	9 40	56 4	123 56
8 71	51 38	128 22	9 06	53 52	126 8	9 41	56 8	123 52
8 72	51 42	128 18	9 07	53 56	126 4	9 42	56 12	123 48
8 73	51 46	128 14	9 08	54 0	126 0	9 43	56 16	123 44
8 74	51 50	128 10	9 09	54 4	125 56	9 44	56 20	123 40
8 75	51 53	128 7	9 10	54 8	125 52	9 45	56 24	123 36

LONGUEUR de la Base du triangle isocèle mesuré.	AMPLITUDE de l'Angle opposé.	SUPPLÉMENT.	LONGUEUR de la Base du triangle isocèle mesuré.	AMPLITUDE de l'Angle opposé.	SUPPLÉMENT.	LONGUEUR de la Base du triangle isocèle mesuré.	AMPLITUDE de l'Angle opposé.	SUPPLÉMENT.
9m46	56°27'	123°33'	9m81	58°45'	121°15'	10m16	61° 4'	118°56'
9 47	56 31	123 29	9 82	58 49	121 11	10 47	61 8	118 52
9 48	56 35	123 25	9 83	58 53	121 7	10 18	61 12	118 48
9 49	56 39	123 21	9 84	58 57	121 3	10 19	61 16	118 44
9 50	56 43	123 17	9 85	59 1	120 59	10 20	61 20	118 40
9 51	56 47	123 13	9 86	59 4	120 56	10 21	61 24	118 36
9 52	56 51	123 9	9 87	59 8	120 52	10 22	61 28	118 32
9 53	56 55	123 5	9 88	59 12	120 48	10 23	61 32	118 28
9 54	56 59	123 1	9 89	59 16	120 44	10 24	61 36	118 24
9 55	57 3	122 57	9 90	59 20	120 40	10 25	61 40	118 20
9 56	57 7	122 53	9 91	59 24	120 36	10 26	61 44	118 16
9 57	57 10	122 50	9 92	59 28	120 32	10 27	61 48	118 12
9 58	57 14	122 46	9 93	59 32	120 28	10 28	61 52	118 8
9 59	57 18	122 42	9 94	59 36	120 24	10 29	61 56	118 4
9 60	57 22	122 38	9 95	59 40	120 20	10 30	62 0	118 0
9 61	57 26	122 34	9 96	59 44	120 16	10 31	62 4	117 56
9 62	57 30	122 30	9 97	59 48	120 12	10 32	62 8	117 52
9 63	57 34	122 26	9 98	59 52	120 8	10 33	62 12	117 48
9 64	57 38	122 22	9 99	59 56	120 4	10 34	62 16	117 44
9 65	57 42	122 18	10 00	60 0	120 0	10 35	62 20	117 40
9 66	57 46	122 14	10 01	60 4	119 56	10 36	62 24	117 36
9 67	57 50	122 10	10 02	60 8	119 52	10 37	62 28	117 32
9 68	57 54	122 6	10 03	60 12	119 48	10 38	62 32	117 28
9 69	57 58	122 2	10 04	60 16	119 44	10 39	62 36	117 24
9 70	58 2	121 58	10 05	60 20	119 40	10 40	62 40	117 20
9 71	58 5	121 55	10 06	60 24	119 36	10 41	62 44	117 16
9 72	58 9	121 51	10 07	60 28	119 32	10 42	62 48	117 12
9 73	58 13	121 47	10 08	60 32	119 28	10 43	62 52	117 8
9 74	58 17	121 43	10 09	60 36	119 24	10 44	62 56	117 4
9 75	58 21	121 39	10 10	60 40	119 20	10 45	63 0	117 0
9 76	58 25	121 35	10 11	60 44	119 16	10 46	63 4	116 56
9 77	58 29	121 31	10 12	60 48	119 12	10 47	63 8	116 52
9 78	58 33	121 27	10 13	60 52	119 8	10 48	63 12	116 48
9 79	58 37	121 23	10 14	60 56	119 4	10 49	63 16	116 44
9 80	58 41	121 19	10 15	61 0	119 0	10 50	63 20	116 40

                    ANGLES DES ALIGNEMENTS DROITS.

LONGUEUR de la Base du triangle isocèle mesuré.	AMPLITUDE de l'Angle opposé.	SUPPLÉMENT.	LONGUEUR de la Base du triangle isocèle mesuré.	AMPLITUDE de l'Angle opposé.	SUPPLÉMENT.	LONGUEUR de la Base du triangle isocèle mesuré.	AMPLITUDE de l'Angle opposé.	SUPPLÉMENT.
10m51	63°24'	116°36'	10m86	65°47'	114°13'	11m21	68°11'	111°49'
10 52	63 28	116 32	10 87	65 51	114 9	11 22	68 15	111 45
10 53	63 32	116 28	10 88	65 55	114 5	11 23	68 19	111 41
10 54	63 36	116 24	10 89	65 59	114 1	11 24	68 23	111 37
10 55	63 40	116 20	10 90	66 3	113 57	11 25	68 27	111 33
10 56	63 44	116 16	10 91	66 7	113 53	11 26	68 32	111 28
10 57	63 48	116 12	10 92	66 11	113 49	11 27	68 36	111 24
10 58	63 53	116 7	10 93	66 15	113 45	11 28	68 40	111 20
10 59	63 57	116 3	10 94	66 19	113 41	11 29	68 44	111 16
10 60	64 1	115 59	10 95	66 23	113 37	11 30	68 48	111 12
10 61	64 5	115 55	10 96	66 28	113 32	11 31	68 52	111 8
10 62	64 9	115 51	10 97	66 32	113 28	11 32	68 57	111 3
10 63	64 13	115 47	10 98	66 36	113 24	11 33	69 1	110 59
10 64	64 17	115 43	10 99	66 40	113 20	11 34	69 5	110 55
10 65	64 21	115 39	11 00	66 44	113 16	11 35	69 9	110 51
10 66	64 25	115 35	11 01	66 48	113 12	11 36	69 13	110 47
10 67	64 29	115 31	11 02	66 52	113 8	11 37	69 17	110 43
10 68	64 33	115 27	11 03	66 56	113 4	11 38	69 22	110 38
10 69	64 37	115 23	11 04	67 1	112 59	11 39	69 26	110 34
10 70	64 41	115 19	11 05	67 5	112 55	11 40	69 30	110 30
10 71	64 45	115 15	11 06	67 9	112 51	11 41	69 34	110 26
10 72	64 49	115 11	11 07	67 13	112 47	11 42	69 38	110 22
10 73	64 53	115 7	11 08	67 17	112 43	11 43	69 43	110 17
10 74	64 58	115 2	11 09	67 21	112 39	11 44	69 47	110 13
10 75	65 1	114 59	11 10	67 25	112 35	11 45	69 51	110 9
10 76	65 6	114 54	11 11	67 29	112 31	11 46	69 55	110 5
10 77	65 10	114 50	11 12	67 34	112 26	11 47	69 59	110 1
10 78	65 14	114 46	11 13	67 38	112 22	11 48	70 4	109 56
10 79	65 18	114 42	11 14	67 42	112 18	11 49	70 8	109 52
10 80	65 22	114 38	11 15	67 46	112 14	11 50	70 12	109 48
10 81	65 26	114 34	11 16	67 50	112 10	11 51	70 16	109 44
10 82	65 30	114 30	11 17	67 54	112 6	11 52	70 20	109 40
10 83	65 34	114 26	11 18	67 58	112 2	11 53	70 25	109 35
10 84	65 38	114 22	11 19	68 3	111 57	11 54	70 29	109 31
10 85	65 42	114 18	11 20	68 7	111 53	11 55	70 33	109 27

LONGUEUR de la Base du Triangle isocèle mesuré.	AMPLITUDE de l'Angle opposé.	SUPPLÉMENT.	LONGUEUR de la Base du triangle isocèle mesuré.	AMPLITUDE de l'Angle opposé.	SUPPLÉMENT.	LONGUEUR de la Base du triangle isocèle mesuré.	AMPLITUDE de l'Angle opposé.	SUPPLÉMENT.
11m 56	70°37′	109°23′	11m 91	73° 6′	106°54′	12m 26	75°37′	104°23′
11 57	70 41	109 19	11 92	73 10	106 50	12 27	75 41	104 19
11 58	70 46	109 14	11 93	73 14	106 46	12 28	75 45	104 15
11 59	70 50	109 10	11 94	73 19	106 41	12 29	75 49	104 11
11 60	70 54	109 6	11 95	73 23	106 37	12 30	75 54	104 6
11 61	70 58	109 2	11 96	73 27	106 33	12 31	75 59	104 1
11 62	71 2	108 58	11 97	73 31	106 29	12 32	76 3	103 57
11 63	71 7	108 53	11 98	73 36	106 23	12 33	76 7	103 53
11 64	71 11	108 49	11 99	73 40	106 20	12 34	76 12	103 48
11 65	71 15	108 45	12 00	73 44	106 16	12 35	76 16	103 44
11 66	71 19	108 41	12 01	73 49	106 11	12 36	76 20	103 40
11 67	71 24	108 36	12 02	73 53	106 7	12 37	76 25	103 35
11 68	71 28	108 32	12 03	73 57	106 3	12 38	76 29	103 31
11 69	71 32	108 28	12 04	74 2	105 58	12 39	76 34	103 26
11 70	71 36	108 24	12 05	74 6	105 54	12 40	76 38	103 22
11 71	71 41	108 19	12 06	74 10	105 50	12 41	76 42	103 18
11 72	71 45	108 15	12 07	74 15	105 45	12 42	76 47	103 13
11 73	71 49	108 11	12 08	74 19	105 41	12 43	76 51	103 9
11 74	71 53	108 7	12 09	74 23	105 37	12 44	76 56	103 4
11 75	71 58	108 2	12 10	74 27	105 33	12 45	77 0	103 0
11 76	72 2	107 58	12 11	74 32	105 28	12 46	77 4	102 56
11 77	72 6	107 54	12 12	74 36	105 24	12 47	77 9	102 51
11 78	72 10	107 50	12 13	74 40	105 20	12 48	77 13	102 47
11 79	72 15	107 45	12 14	74 45	105 15	12 49	77 17	102 43
11 80	72 19	107 41	12 15	74 49	105 11	12 50	77 22	102 38
11 81	72 23	107 37	12 16	74 53	105 7	12 51	77 26	102 34
11 82	72 27	107 33	12 17	74 58	105 2	12 52	77 31	102 29
11 83	72 32	107 28	12 18	75 2	104 58	12 53	77 35	102 25
11 84	72 36	107 24	12 19	75 6	104 54	12 54	77 39	102 21
11 85	72 40	107 20	12 20	75 11	104 49	12 55	77 44	102 16
11 86	72 44	107 16	12 21	75 15	104 45	12 56	77 48	102 12
11 87	72 49	107 11	12 22	75 19	104 41	12 57	77 53	102 7
11 88	72 53	107 7	12 23	75 24	104 36	12 58	77 57	102 3
11 89	72 57	107 3	12 24	75 28	104 32	12 59	78 2	101 58
11 90	73 1	106 59	12 25	75 32	104 28	12 60	78 6	101 54

LONGUEUR de la Base du triangle isocèle mesuré.	AMPLITUDE de l'Angle opposé.	SUPPLÉMENT.	LONGUEUR de la Base du triangle isocèle mesuré.	AMPLITUDE de l'angle opposé.	SUPPLÉMENT.	LONGUEUR de la Base du triangle isocèle mesuré.	AMPLITUDE de l'Angle opposé.	SUPPLÉMENT.
12m61	78°10'	104°50'	12m96	80°47'	99°13'	13m31	83°26'	96°34'
12 62	78 15	104 45	12 97	80 51	99 9	13 32	83 31	96 29
12 63	78 19	104 41	12 98	80 56	99 4	13 33	83 36	96 24
12 64	78 24	104 36	12 99	81 0	99 0	13 34	83 40	96 20
12 65	78 28	104 32	13 00	81 5	98 55	13 35	83 45	96 15
12 66	78 33	104 27	13 01	81 10	98 50	13 36	83 50	96 10
12 67	78 37	104 23	13 02	81 14	98 46	13 37	83 54	96 6
12 68	78 41	104 19	13 03	81 19	98 41	13 38	83 59	96 1
12 69	78 46	104 14	13 04	81 23	98 37	13 39	84 3	95 57
12 70	78 50	104 10	13 05	81 28	98 32	13 40	84 8	95 52
12 71	78 55	104 5	13 06	81 32	98 28	13 41	84 13	95 47
12 72	78 59	104 1	13 07	81 36	98 24	13 42	84 17	95 43
12 73	79 4	100 56	13 08	81 41	98 19	13 43	84 22	95 38
12 74	79 8	100 52	13 09	81 46	98 14	13 44	84 27	95 33
12 75	79 13	100 47	13 10	81 50	98 10	13 45	84 32	95 28
12 76	79 17	100 43	13 11	81 55	98 5	13 46	84 36	95 24
12 77	79 22	100 38	13 12	81 59	98 1	13 47	84 41	95 19
12 78	79 26	100 34	13 13	82 4	97 56	13 48	84 45	95 15
12 79	79 31	100 29	13 14	82 9	97 51	13 49	84 50	95 10
12 80	79 35	100 25	13 15	82 13	97 47	13 50	84 54	95 6
12 81	79 39	100 21	13 16	82 18	97 42	13 51	84 59	95 1
12 82	79 44	100 16	13 17	82 22	97 38	13 52	85 4	94 56
12 83	79 48	100 12	13 18	82 27	97 33	13 53	85 8	94 52
12 84	79 53	100 7	13 19	82 31	97 29	13 54	85 13	94 47
12 85	79 57	100 3	13 20	82 36	97 24	13 55	85 17	94 43
12 86	80 2	99 58	13 21	82 41	97 19	13 56	85 22	94 38
12 87	80 6	99 54	13 22	82 45	97 15	13 57	85 27	94 33
12 88	80 11	99 49	13 23	82 50	98 10	13 58	85 32	94 28
12 89	80 15	99 45	13 24	82 54	97 6	13 59	85 37	94 23
12 90	80 20	99 40	13 25	82 59	97 1	13 60	85 41	94 19
12 91	80 24	99 36	13 26	83 3	96 57	13 61	85 46	94 14
12 92	80 29	99 31	13 27	83 8	96 52	13 62	85 51	94 9
12 93	80 33	99 27	13 28	83 13	96 47	13 63	85 55	94 5
12 94	80 38	99 22	13 29	83 17	96 43	13 64	86 0	94 0
12 95	80 42	99 18	13 30	83 22	96 38	13 65	86 5	93 55

LONGUEUR de la Base du triangle isocèle mesuré.	AMPLITUDE de l'Angle opposé.	SUPPLÉMENT.	LONGUEUR de la Base du triangle isocèle mesuré.	AMPLITUDE de l'Angle opposé.	SUPPLÉMENT.	LONGUEUR de la Base du triangle isocèle mesuré.	AMPLITUDE de l'Angle opposé.	SUPPLÉMENT.
13m66	86° 9'	93°51'	13m86	87°44'	92°16'	14m06	89°20'	90°40'
13 67	86 14	93 46	13 87	87 49	92 11	14 07	89 25	90 35
13 68	86 19	93 41	13 88	87 54	92 6	14 08	89 30	90 30
13 69	86 24	93 36	13 89	87 58	92 2	14 09	89 35	90 25
13 70	86 28	93 32	13 90	88 3	91 57	14 10	89 40	90 20
13 71	86 33	93 27	13 91	88 8	91 52	14 11	89 44	90 16
13 72	86 38	93 22	13 92	88 13	91 47	14 12	89 49	90 11
13 73	86 42	93 18	13 93	88 18	91 42	14 13	89 54	90 6
13 74	86 47	93 13	13 94	88 22	91 38	14 14	89 59	90 1
13 75	86 52	93 8	13 95	88 27	91 33	14 15	90 4	89 56
13 76	86 57	93 3	13 96	88 32	91 28			
13 77	87 1	92 59	13 97	88 37	91 23			
13 78	87 6	92 54	13 98	88 42	91 18			
13 79	87 11	92 49	13 99	88 46	91 14			
13 80	87 16	92 44	14 00	88 51	91 9			
13 81	87 20	92 40	14 01	88 56	91 4			
13 82	87 25	92 35	14 02	89 1	90 59			
13 83	87 30	92 30	14 03	89 6	90 54			
13 84	87 35	92 25	14 04	89 11	90 49			
13 85	87 39	92 21	14 05	89 15	90 45			

II.—TANGENTES, ARCS & SÉCANTES

(Rayon = 1,000 mètres.)

TANGENTES, ARCS ET SÉCANTES.

Angles de 20 à 50 degrés.

ANGLE.		Longueur de chaque TANGENTE.	ARC substitué aux deux Tangentes	Partie extérieure de la SÉCANTE.	ANGLE.		Longueur de chaque TANGENTE.	ARC substitué aux deux Tangentes	Partie extérieure de la SÉCANTE.
20°	»	5 671^{m}28	2 792^{m}53	4 758^{m}77	35°	»	3 171^{m}59	2 530^{m}73	2 325^{m}51
	30'	5 530 07	2 783 80	4 619 75		30'	3 124 00	2 522 00	2 289 15
21	»	5 395 52	2 775 07	4 487 41	36	»	3 077 68	2 513 27	2 236 07
	30	5 267 15	2 766 35	4 361 24		30	3 032 60	2 504 55	2 193 22
22	»	5 144 55	2 757 62	4 240 84	37	»	2 988 68	2 495 82	2 151 55
	30	5 027 34	2 748 89	4 125 83		30	2 945 90	2 487 09	2 111 00
23	»	4 915 16	2 740 17	4 015 83	38	»	2 904 24	2 478 37	2 071 55
	30	4 807 69	2 731 44	3 910 59		30	2 863 56	2 469 64	2 033 15
24	»	4 704 63	2 722 71	3 809 73	39	»	2 823 92	2 460 91	1 995 74
	30	4 605 72	2 713 99	3 713 03		30	2 785 23	2 452 19	1 953 31
25	»	4 510 71	2 705 26	3 620 23	40	»	2 747 48	2 443 46	1 923 80
	30	4 419 36	2 696 53	3 531 09		30	2 740 62	2 434 73	1 889 20
26	»	4 331 48	2 687 81	3 445 41	41	»	2 674 62	2 426 01	1 855 45
	30	4 246 85	2 679 08	3 362 99		30	2 639 45	2 417 28	1 822 48
27	»	4 165 30	2 670 35	3 283 66	42	»	2 605 09	2 408 55	1 790 43
	30	4 086 76	2 661 33	3 207 24		30	2 571 50	2 399 83	1 759 09
28	»	4 010 78	2 652 90	3 133 57	43	»	2 538 65	2 391 10	1 728 30
	30	3 937 51	2 644 17	3 062 51		30	2 506 52	2 382 37	1 698 64
29	»	3 866 71	2 635 45	2 993 93	44	»	2 475 09	2 373 65	1 669 47
	30	3 798 27	2 625 72	2 927 70		30	2 444 33	2 364 92	1 640 97
30	»	3 732 05	2 617 99	2 863 70	45	»	2 414 21	2 356 19	1 613 13
	30	3 667 94	2 609 27	2 801 83		30	2 384 73	2 347 47	1 585 94
31	»	3 605 88	2 600 05	2 741 98	46	»	2 353 85	2 338 74	1 559 30
	30	3 545 73	2 591 84	2 684 05		30	2 327 56	2 330 01	1 533 30
32	»	3 487 41	2 583 09	2 627 95	47	»	2 299 84	2 321 29	1 507 84
	30	3 430 84	2 574 36	2 573 64		30	2 272 67	2 312 56	1 482 95
33	»	3 375 95	2 565 63	2 520 94	48	»	2 246 04	2 303 83	1 458 59
	30	3 322 61	2 556 91	2 469 86		30	2 219 92	2 295 11	1 434 76
34	»	3 270 85	2 548 18	2 420 30	49	»	2 194 30	2 286 38	1 411 42
	30	3 220 53	2 539 45	2 372 21		30	2 169 17	2 277 65	1 388 57

Angles de 50 à 60 degrés.

ANGLE.	Longueur de chaque TANGENTE.	ARC substitué aux deux Tangentes	Partie extérieure de la SÉCANTE.	ANGLE.	Longueur de chaque TANGENTE.	ARC substitué aux deux Tangentes	Partie extérieure de la SÉCANTE.
50° »	2 144^{m}51	2 268^{m}93	1 366^{m}20	55° »	1 920^{m}98	2 181^{m}66	1 165 68
10′	2 136 39	2 266 02	1 358 85	10′	1 914 18	2 178 75	1 159 65
20	2 128 32	2 263 11	1 351 54	20	1 907 41	2 175 84	1 153 65
30	2 120 30	2 260 20	1 344 29	30	1 900 69	2 172 93	1 147 70
40	2 112 34	2 257 29	1 337 08	40	1 894 00	2 170 03	1 141 78
50	2 104 41	2 254 38	1 329 23	10	1 887 34	2 167 42	1 135 90
51 »	2 096 54	2 251 47	1 322 82	56 »	1 880 73	2 164 21	1 130 05
10	2 088 72	2 248 57	1 375 76	10	1 874 15	2 161 30	1 124 25
20	2 080 94	2 245 66	1 308 75	20	1 867 60	2 158 39	1 118 47
30	2 073 22	2 242 75	1 301 79	30	1 861 09	2 155 48	1 112 74
40	2 065 53	2 239 84	1 294 87	40	1 854 62	2 157 57	1 107 04
50	2 057 89	2 236 93	1 288 00	50	1 848 18	2 149 66	1 101 37
52 »	2 050 30	2 234 02	1 281 17	57 »	1 841 77	2 146 75	1 095 74
10	2 042 76	2 231 11	1 274 17	10	1 835 40	2 143 85	1 090 14
20	2 035 26	2 228 20	1 267 66	20	1 829 06	2 140 94	1 084 58
30	2 027 80	2 225 29	1 260 97	30	1 822 76	2 138 03	1 079 95
40	2 020 39	2 222 39	1 254 32	40	1 816 45	2 135 12	1 073 56
50	2 013 02	2 219 48	1 247 72	50	1 810 25	2 132 21	1 068 09
53 »	2 005 69	2 216 57	1 241 16	58 »	1 804 05	2 129 30	1 062 67
10	1 998 41	2 213 66	1 234 64	10	1 797 88	2 126 39	1 057 27
20	1 991 16	2 210 75	1 228 47	20	1 791 73	2 123 48	1 051 94
30	1 983 96	2 207 84	1 221 74	30	1 785 63	2 120 58	1 046 58
40	1 976 84	2 204 93	1 215 35	40	1 779 55	2 117 67	1 041 28
50	1 969 69	2 202 02	1 209 00	50	1 773 54	2 114 76	1 036 01
54 »	1 962 64	2 199 11	1 202 69	59 »	1 767 49	2 111 85	1 030 77
10	1 955 57	2 196 21	1 196 42	10	1 761 51	2 108 94	1 025 57
20	1 948 58	2 193 30	1 190 19	20	1 755 56	2 106 03	1 020 39
30	1 941 62	2 190 39	1 184 01	30	1 749 64	2 103 12	1 015 25
40	1 934 70	2 187 48	1 177 86	40	1 743 74	2 100 21	1 010 14
50	1 927 82	2 184 57	1 171 75	50	1 737 88	2 097 30	1 005 07

Angle de 60 degrés.

MINUTES.	Longueur de chaque TANGENTE.		ARC substitué aux deux Tangentes.		Partie extérieure de la SÉCANTE.	
0	1 732	05	2 094	40	1000	»
1	1 731	47		10	999	50
2	1 730	89	2 093	81	998	99
3		31		52		49
4	1 729	73		23	997	99
5		15	2 092	94		48
6	1 728	57		65	996	98
7	1 727	99		36		48
8		41		07	995	98
9	1 726	83	2 091	78		48
10		25		49	994	98
11	1 725	66		20		48
12		09	2 090	90	993	98
13	1 724	51		61		48
14	1 723	94		32	992	98
15		36		03		48
16	1 722	78	2 089	74	691	98
17		20		45		48
18	1 721	63		16	990	98
19		05	2 088	87		48
20	1 720	47		58	989	98
21	1 719	89		29		48
22		32		00	988	99
23	1 718	75	2 087	71		49
24		17		41	987	99
25	1 717	60		12		50
26		02	2 086	83		00
27	1 716	44		54	986	50
28	1 715	87		25		01
29		30	2 085	96	985	51

MINUTES.	Longueur de chaque TANGENTE.		ARC substitué aux deux Tangentes.		Partie extérieure de la SÉCANTE.	
30	1 714	73	2 085	67	985	02
31		16		38	984	52
32	1 713	58		09		03
33		01	2 084	80	983	53
34	1 712	44		51		04
35	1 711	87		21	982	55
36		29	2 083	92		05
37	1 710	72		63	981	56
38		15		34		07
39	1 709	58		05	980	57
40		01	2 082	76		08
41	1 708	44		47	979	59
42	1 707	87		18		10
43		30	2 081	89	978	61
44	1 706	73		60		11
45		16		31	977	62
46	1 705	60		01		13
47		03	2 080	72	976	64
48	1 704	46		43		15
49	1 703	89		14	975	66
50		32	2 079	85		17
51	1 702	76		56	974	68
52		19		27		20
53	1 701	62	2 078	98	973	71
54		06		69		22
55	1 700	49		40	972	73
56	1 699	92		11		24
57		36	2 077	81	971	76
58	1 698	79		52		27
59		23		23	970	78

Angle de 61 degrés.

MINUTES.	Longueur de chaque TANGENTE.	ARC substitué aux deux Tangentes.	Partie extérieure de la SÉCANTE.	MINUTES.	Longueur de chaque TANGENTE.	ARC substitué aux deux Tangentes.	Partie extérieure de la SÉCANTE.
0	1 697 66	2 076 94	970 29	30	1 680 85	2 068 22	955 83
1	10	65	969 84	31	29	2 067 92	35
2	1 696 53	36	32	32	1 679 74	63	954 87
3	1 695 97	06	968 84	33	18	34	39
4	41	2 075 78	35	34	1 678 63	05	953 92
5	1 694 84	49	967 86	35	07	2 066 76	44
6	28	20	38	36	1 677 52	47	952 96
7	1 693 72	2 074 91	966 90	37	1 676 96	18	48
8	15	62	41	38	41	2 065 89	01
9	1 692 59	32	965 93	39	1 675 85	60	951 53
10	03	03	44	40	30	31	06
11	1 691 47	2 073 74	964 96	41	1 674 75	02	950 58
12	1 690 91	45	48	42	19	2 064 72	11
13	35	16	963 99	43	1 673 64	43	949 63
14	1 689 79	2 072 87	51	44	09	14	16
15	22	58	03	45	1 672 53	2 063 85	948 68
16	1 688 66	29	962 55	46	1 671 98	56	21
17	10	00	06	47	43	27	947 74
18	1 687 54	2 071 71	961 58	48	1 670 88	2 062 98	26
19	1 686 99	42	10	49	33	69	946 79
20	43	12	960 62	50	1 669 78	40	32
21	1 685 87	2 070 83	14	51	22	11	945 85
22	31	54	959 66	52	1 668 67	2 061 82	37
23	1 684 75	25	18	53	42	52	944 90
24	19	2 069 96	958 70	54	1 667 57	23	43
25	1 683 63	67	22	55	02	2 060 94	943 96
26	08	38	957 74	56	1 666 47	65	49
27	1 682 52	09	26	57	1 665 93	36	02
28	1 681 96	2 068 80	956 78	58	38	07	942 55
29	41	51	30	59	1 664 83	2 059 78	07

Angle de 62 degrés.

MINUTES.	Longueur de chaque TANGENTE.		ARC substitué aux deux Tangentes.		Partie extérieure de la SÉCANTE.		MINUTES.	Longueur de chaque TANGENTE.		ARC substitué aux deux Tangentes.		Partie extérieure de la SÉCANTE.	
0	1 664	28	2 059	49	941	60	30	1 647	95	2 050	76	927	62
1	1 663	73		20		13	31		41		47		16
2		18	2 058	91	940	66	32	1 646	87		18	926	70
3	1 662	64		62		19	33		33	2 049	89		23
4		09		33	939	73	34	1 645	79		60	925	78
5	1 661	54		03		26	35		25		31		32
6	1 660	99	2 057	74	938	79	36	1 644	71		02	924	86
7		45		45		32	37		17	2 048	73		39
8	1 659	90		16	937	85	38	1 643	63		43	923	94
9		35	2 056	87		38	39		10		14		48
10	1 658	81		58	936	92	40	1 642	56	2 047	85		02
11		26		29		45	41		02		56	922	56
12	1 657	72		00	935	98	42	1 641	48		27		10
13		17	2 055	71		52	43	1 640	95	2 046	98	921	64
14	1 656	63		42		03	44		41		69		18
15		08		13	934	58	45	1 639	87		40	920	72
16	1 655	54	2 054	83		12	46		34		11		27
17		00		54	933	65	47	1 638	80	2 045	82	919	81
18	1 654	45		25		19	48		26		53		35
19	1 653	91	2 053	96	932	72	49	1 637	73		24	918	89
20		37		67		26	50		19	2 044	94		44
21	1 652	82		38	931	79	51	1 636	66		65	917	98
22		28		09		33	52		12		36		52
23	1 651	74	2 052	80	930	86	53	1 635	59		07		07
24		20		51		40	54		05	2 043	78	916	61
25	1 650	65		22	929	94	55	1 634	52		49		16
26		11	2 051	93		47	56	1 633	98		20	915	90
27	1 649	57		63		01	57		45	2 042	91		25
28		03		34	928	55	58	1 632	92		62	914	79
29	1 648	49		05		09	59		38		33		34

Angle de 63 degrés.

MINUTES.	Longueur de chaque TANGENTE.	ARC substitué aux deux Tangentes.	Partie extérieure de la SÉCANTE.	MINUTES.	Longueur de chaque TANGENTE.	ARC substitué aux deux Tangentes.	Partie extérieure de la SÉCANTE.
0	1 631 85	2 042 04	913 88	30	1 615 98	2 033 31	900 37
1	32	2 041 74	43	31	46	02	899 92
2	1 630 79	45	912 97	32	1 614 93	2 032 73	48
3	25	16	52	33	41	44	03
4	1 629 72	2 040 87	07	34	1 613 88	45	898 58
5	19	58	911 64	35	36	2 031 85	14
6	1 628 66	29	16	36	1 612 83	56	897 69
7	13	00	910 71	37	31	27	25
8	1 627 60	2 039 71	26	38	1 611 79	2 030 98	896 80
9	07	42	909 80	39	26	69	36
10	1 626 54	13	35	40	1 610 74	40	895 91
11	01	2 038 84	908 90	41	22	11	47
12	1 625 48	55	45	42	1 609 70	2 029 82	03
13	1 624 95	25	00	43	17	53	894 58
14	42	2 037 96	907 55	44	1 608 65	24	14
15	1 623 89	67	10	45	13	2 028 95	893 70
16	36	38	906 65	46	1 607 61	65	25
17	1 622 83	09	20	47	09	36	892 81
18	30	2 036 80	905 75	48	1 606 57	07	37
19	1 621 77	51	30	49	05	2 027 78	891 93
20	24	22	904 85	50	1 605 53	49	48
21	1 620 72	2 035 93	40	51	01	20	04
22	19	64	903 95	52	1 604 49	2 026 91	890 60
23	1 619 67	35	50	53	1 603 97	62	46
24	14	05	05	54	45	33	889 72
25	1 618 61	2 034 76	902 60	55	1 602 93	04	28
26	08	47	16	56	41	2 025 75	888 84
27	1 617 56	18	901 71	57	1 601 89	45	40
28	03	2 033 89	26	58	37	16	887 96
29	1 616 51	60	900 82	59	1 600 85	2 024 87	52

Angle de 64 degrés.

MINUTES.	Longueur de chaque TANGENTE.	ARC substitué aux deux Tangentes.	Partie extérieure de la SÉCANTE.	MINUTES.	Longueur de chaque TANGENTE.	ARC substitué aux deux tangente.	Partie extérieure de la SÉCANTE.
0	1 600 33	2 024 58	887 08	30	1 584 90	2 015 86	874 01
1	1 599 89	29	886 64	31	39	56	873 58
2	30	00	20	32	1 583 88	27	15
3	1 598 78	2 023 71	885 76	33	37	2 014 98	872 72
4	27	42	32	34	1 582 86	69	29
5	1 597 75	13	884 89	35	35	40	871 85
6	23	2 022 84	45	36	1 581 84	11	42
7	1 596 72	55	04	37	33	2 013 82	870 99
8	20	26	883 57	38	1 580 83	53	56
9	1 595 68	2 021 96	14	39	32	24	13
10	17	67	882 70	40	1 579 81	2 012 95	869 70
11	1 594 65	38	26	41	30	66	27
12	14	09	881 63	42	1 578 79	36	868 85
13	1 593 62	2 020 80	39	43	28	07	42
14	11	51	880 95	44	1 577 78	2 011 78	867 99
15	1 592 59	22	52	45	27	49	56
16	08	2 019 93	08	46	1 576 76	20	13
17	1 591 56	64	879 65	47	25	2 010 91	866 70
18	05	35	21	48	1 575 75	62	27
19	1 590 54	06	878 78	49	34	33	865 85
20	02	2 018 76	34	50	1 574 74	04	42
21	1 589 51	47	877 91	51	23	2 009 75	864 99
22	00	18	48	52	1 573 72	46	57
23	1 588 49	2 017 89	04	53	22	17	14
24	1 587 97	60	876 61	54	1 572 71	2 008 87	863 71
25	46	31	18	55	21	58	29
26	1 586 95	02	875 74	56	1 571 70	29	862 86
27	44	2 016 73	31	57	20	00	44
28	1 585 93	44	874 88	58	1 570 69	2 007 71	01
29	41	15	44	59	19	42	861 58

Angle de 65 degrés.

MINUTES	Longueur de chaque TANGENTE.	ARC substitué aux deux Tangentes	Partie extérieure de la SÉCANTE.	MINUTES	Longueur de chaque TANGENTE	ARC substitué aux deux Tangentes.	Partie extérieure de la SÉCANTE.
0	1 569 68	2 007 13	861 16	30	1 554 67	1 998 40	848 52
1	18	2 006 84	860 73	31	18	11	10
2	1 568 68	55	31	32	1 553 68	1 997 82	847 68
3	17	26	859 89	33	18	53	26
4	1 567 67	2 005 97	46	34	1 552 69	24	846 84
5	17	67	04	35	19	1 996 95	43
6	1 566 67	38	858 62	36	1 551 70	66	01
7	16	09	19	37	20	37	845 50
8	1 565 66	2 004 80	857 77	38	1 550 71	08	18
9	16	51	34	39	21	1 995 78	844 76
10	1 564 66	22	856 92	40	1 549 72	49	35
11	16	2 003 93	50	41	22	20	843 93
12	1 563 66	64	08	42	1 548 73	1 994 91	52
13	15	35	855 65	43	23	62	10
14	1 562 65	06	23	44	1 547 74	33	842 69
15	15	2 002 77	854 81	45	24	04	27
16	1 561 65	47	39	46	1 546 75	1 993 75	841 86
17	15	18	853 97	47	26	46	44
18	1 560 65	2 001 89	55	48	1 545 76	17	03
19	15	60	13	49	27	1 992 88	840 62
20	1 559 66	31	852 71	50	1 544 78	58	20
21	16	02	29	51	29	89	839 79
22	1 558 66	2 000 73	851 87	52	1 543 79	00	38
23	16	43	45	53	30	1 991 71	838 96
24	1 557 66	14	03	54	1 542 81	42	55
25	16	1 999 86	850 61	55	32	13	14
26	1 556 66	57	19	56	1 541 83	1 990 84	837 73
27	17	27	849 77	57	34	55	31
28	1 555 67	1 998 98	25	58	1 540 85	26	836 90
29	17	69	848 93	59	36	1 989 97	49

TANGENTES, ARCS ET SÉCANTES.

Angle de 66 degrés.

MINUTES.	Longueur de chaque TANGENTE	ARC substitué aux deux Tangentes.	Partie extérieure de la SÉCANTE.	MINUTES.	Longueur de chaque TANGENTE.	ARC substitué aux deux Tangentes.	Partie extérieure de la SÉCANTE.
0	1 539 86	1 989 68	836 08	30	1 525 25	1 980 95	823 84
1	37	39	835 67	31	1 524 77	66	44
2	1 538 88	09	26	32	29	37	03
3	39	1 988 80	834 85	33	1 523 80	08	822 63
4	1 537 90	51	44	34	32	1 979 79	23
5	42	22	03	35	1 522 84	49	821 82
6	1 536 93	1 987 93	833 62	36	35	20	42
7	44	64	21	37	1 521 87	1 978 91	02
8	1 535 95	35	832 80	38	39	62	820 61
9	46	06	39	39	1 520 91	33	21
10	1 534 97	1 986 77	831 98	40	43	04	819 81
11	49	48	57	41	1 519 94	1 977 75	40
12	00	19	16	42	46	46	00
13	1 533 51	1 985 89	830 75	43	1 518 98	17	818 60
14	02	60	34	44	50	1 976 88	20
15	1 532 53	31	829 94	45	02	58	817 80
16	05	02	53	46	1 517 54	29	39
17	1 531 56	1 984 73	12	47	06	00	816 99
18	07	44	828 71	48	1 516 58	1 975 71	59
19	1 530 59	15	31	49	10	42	19
20	10	1 983 86	827 90	50	1 515 62	13	815 79
21	1 529 62	57	49	51	14	1 974 84	39
22	13	28	09	52	1 514 66	55	814 99
23	1 528 65	1 982 99	826 68	53	18	26	59
24	16	69	27	54	1 513 60	1 973 97	19
25	1 527 68	40	825 87	55	23	68	813 80
26	19	11	46	56	1 512 75	39	40
27	1 526 71	1 981 82	06	57	27	09	00
28	22	53	824 65	58	1 511 79	1 972 80	812 60
29	1 525 74	24	25	59	31	51	20

Angle de 67 degrés.

MINUTES	Longueur de chaque TANGENTE.	ARC substitué aux deux Tangentes.	Partie extérieure de la SÉCANTE.	MINUTES	Longueur de chaque TANGENTE.	ARC substitué aux deux Tangentes.	Partie extérieure de la SÉCANTE.
0	1 510 84	1 972 22	811 80	30	1 496 61	1 963 50	799 95
1	36	1 971 93	40	31	14	20	56
2	1 509 88	64	00	32	1 495 66	1 962 91	17
3	40	35	810 61	33	19	62	798 78
4	1 508 93	06	21	34	1 494 72	33	39
5	45	1 970 77	809 81	35	25	04	00
6	1 507 97	48	42	36	1 493 78	1 961 75	797 61
7	50	19	02	37	31	46	21
8	02	1 969 90	808 62	38	1 492 84	17	796 82
9	1 506 54	60	23	39	37	1 960 88	43
10	07	31	807 83	40	1 491 90	59	05
11	1 505 60	02	43	41	43	30	795 66
12	12	1 968 73	03	42	1 490 96	00	27
13	1 504 64	44	806 64	43	50	1 959 71	794 88
14	17	15	25	44	03	42	49
15	1 503 70	1 967 86	805 85	45	1 489 56	13	10
16	22	57	46	46	09	1 958 84	793 71
17	1 502 75	28	06	47	1 488 62	55	32
18	27	1 966 99	804 67	48	16	26	792 93
19	1 501 80	70	27	49	1 487 69	1 957 97	55
20	33	40	803 88	50	22	68	16
21	1 500 85	11	49	51	1 486 75	39	791 77
22	38	1 965 82	09	52	29	10	38
23	1 499 91	53	802 70	53	1 485 82	1 956 81	790 99
24	44	24	31	54	36	51	61
25	1 498 96	1 964 95	801 91	55	1 484 89	22	22
26	49	66	52	56	42	1 955 93	789 84
27	02	37	13	57	1 483 96	64	45
28	1 497 55	08	800 74	58	49	35	06
29	08	1 963 79	34	59	03	05	788 68

TANGENTES, ARCS ET SÉCANTES.

Angle de 68 degrés.

MINUTES.	Longueur de chaque TANGENTE.	ARC substitué aux deux Tangentes.	Partie extérieure de la SÉCANTE.	MINUTES.	Longueur de chaque TANGENTE.	ARC substitué aux deux Tangentes.	Partie extérieure de la SÉCANTE.
0	1 482 56	1 954 77	788 29	30	1 468 70	1 946 04	776 81
1	10	48	787 91	31	24	1 945 75	44
2	1 481 63	19	52	32	1 467 78	46	04
3	17	1 953 90	14	33	32	17	775 68
4	1 480 70	61	786 75	34	1 466 86	1 944 88	30
5	24	32	37	35	40	59	774 92
6	1 479 77	02	785 98	36	1 465 95	30	54
7	31	1 952 73	60	37	49	01	16
8	1 478 85	44	21	38	03	1 943 72	773 78
9	38	15	784 83	39	1 464 57	42	41
10	1 477 92	1 951 86	45	40	11	13	03
11	46	57	06	41	1 463 66	1 942 84	772 65
12	1 476 99	28	783 68	42	20	55	27
13	53	1 950 99	30	43	1 462 74	26	771 90
14	07	70	782 91	44	29	1 941 97	52
15	1 475 61	40	53	45	1 461 83	68	14
16	14	11	15	46	37	39	770 77
17	1 474 68	1 949 82	781 77	47	1 460 92	10	39
18	22	53	38	48	46	1 940 81	01
19	1 473 76	24	00	49	01	52	769 64
20	30	1 948 95	780 62	50	1 459 55	22	26
21	1 472 84	66	24	51	10	1 939 93	768 89
22	38	37	779 86	52	1 458 64	64	51
23	1 471 92	08	48	53	19	35	14
24	46	1 947 79	09	54	1 457 73	06	767 76
25	00	50	778 71	55	28	1 938 77	39
26	1 470 54	21	34	56	1 456 82	48	01
27	08	1 946 92	777 95	57	37	19	766 64
28	1 469 62	62	57	58	1 455 92	1 937 00	27
29	16	33	19	59	46	61	765 89

Angle de 69 degrés.

MINUTES.	Longueur de chaque TANGENTE.	ARC substitué aux deux Tangentes.	Partie extérieure de la SÉCANTE.	MINUTES.	Longueur de chaque TANGENTE.	ARC substitué aux deux Tangentes.	Partie extérieure de la SÉCANTE.
0	1 455 01	1 937 32	765 52	30	1 441 49	1 928 59	754 40
1	1 454 56	02	14	31	05	30	03
2	10	1 936 73	764 77	32	1 440 60	01	753 66
3	1 453 65	44	40	33	15	1 927 72	29
4	20	15	02	34	1 439 70	43	752 93
5	1 452 74	1 935 86	763 65	35	26	13	56
6	29	57	28	36	1 438 81	1 926 84	19
7	1 451 84	28	762 91	37	36	55	751 83
8	39	1 934 99	53	38	1 437 92	26	46
9	1 450 94	70	16	39	47	1 925 97	09
10	48	41	761 79	40	03	68	750 73
11	03	12	42	41	1 436 58	39	36
12	1 449 58	1 933 83	05	42	14	10	00
13	13	53	760 68	43	1 435 69	1 924 81	749 63
14	1 448 68	24	29	44	25	52	27
15	23	1 932 95	759 93	45	1 434 80	23	748 90
16	1 447 78	66	56	46	36	1 923 93	54
17	33	37	19	47	1 433 91	64	17
18	1 446 88	08	758 82	48	47	35	747 81
19	43	1 931 79	45	49	02	06	44
20	1 445 98	50	08	50	1 432 58	1 922 77	08
21	53	21	757 71	51	13	48	746 71
22	08	1 930 92	34	52	1 431 69	19	35
23	1 444 63	63	756 97	53	25	1 921 90	745 99
24	18	33	61	54	1 430 80	61	62
25	1 443 73	04	24	55	36	32	26
26	29	1 929 75	755 87	56	1 429 92	03	744 89
27	1 442 84	46	50	57	48	1 920 73	53
28	39	17	13	58	03	44	17
29	1 441 94	1 928 88	754 76	59	1 428 59	15	643 81

TANGENTES, ARCS ET SÉCANTES.

Angle de 70 degrés.

MINUTES.	Longueur de chaque TANGENTE.			ARC substitué aux deux Tangentes.			Partie extérieure de la SÉCANTE.		MINUTES.	Longueur de chaque TANGENTE.			ARC substitué aux deux Tangentes.			Partie extérieure de la SÉCANTE.	
0	1	428	15	1	919	86	743	45	30	1	414	97	1	911	14	732	67
1	1	427	71			57		09	31			53	1	910	84		31
2			27			28	742	73	32			10			55	731	96
3	1	426	83	1	918	99		36	33	1	413	66			26		60
4			39			70		00	34			23	1	909	97		25
5	1	425	94			41	741	64	35	1	412	79			68	730	89
6			50			12		28	36			35			39		53
7			06	1	917	83	740	92	37	1	411	92			10		18
8	1	424	62			54		55	38			48	1	908	81	729	82
9			18			24		19	39			05			52		47
10	1	423	74	1	916	95	739	83	40	1	410	61			23		11
11			30			66		47	41			18	1	907	94	728	76
12	1	422	86			37		11	42	1	409	74			65		40
13			42			08	738	75	43			31			35		05
14	1	421	98	1	915	79		39	44	1	408	87			06	727	69
15			54			50		03	45			44	1	906	77		34
16			10			21	737	68	46			01			48	726	99
17	1	420	66	1	914	92		32	47	1	407	57			19		63
18			22			63	736	96	48			14	1	905	90		28
19	1	419	78			34		60	49	1	406	70			61	725	92
20			34			04		24	50			27			32		57
21	1	418	90	1	913	75	735	88	51	1	405	84			03		22
22			47			46		53	52			41	1	904	74	724	87
23			03			17		17	53	1	404	97			45		51
24	1	417	59	1	912	88	734	81	54			54			15		16
25			15			59		45	55			11	1	903	86	723	81
26	1	416	72			30		10	56	1	403	68			57		46
27			28			01	733	74	57			25			28		11
28	1	415	84	1	911	72		38	58	1	402	81	1	902	99	722	75
29			41			43		03	59			38			70		40

Angle de 71 degrés.

MINUTES.	Longueur de chaque TANGENTE.	ARC substitué aux deux Tangentes.	Partie extérieure de la SÉCANTE.	MINUTES.	Longueur de chaque TANGENTE.	ARC substitué aux deux Tangentes.	Partie extérieure de la SÉCANTE.
0	1 401 95	1 902 41	722 05	30	1 389 09	1 893 68	711 59
1	52	12	721 70	31	1 388 66	39	25
2	09	1 901 83	35	32	24	10	710 90
3	1 400 66	54	00	33	1 387 81	1 892 81	56
4	23	25	720 65	34	39	52	21
5	1 399 79	1 900 96	30	35	1 386 96	23	709 87
6	36	66	719 95	36	53	1 891 94	53
7	1 398 93	37	60	37	11	65	18
8	50	08	25	38	1 385 68	36	708 84
9	07	1 899 79	718 90	39	26	06	49
10	1 397 64	50	55	40	1 384 83	1 890 77	15
11	21	21	20	41	41	48	707 81
12	1 396 78	1 898 92	717 85	42	1 383 98	19	46
13	36	63	50	43	56	1 889 90	12
14	1 395 93	34	15	44	14	61	706 78
15	50	05	716 80	45	1 382 71	32	43
16	07	1 897 76	46	46	29	03	09
17	1 394 64	46	11	47	1 381 87	1 888 74	705 75
18	22	17	715 76	48	45	45	41
19	1 393 79	1 896 88	41	49	02	16	06
20	36	59	06	50	1 380 60	1 887 86	704 72
21	1 392 93	30	714 71	51	18	57	38
22	51	01	37	52	1 379 76	28	04
23	08	1 895 72	02	53	33	1 886 99	703 70
24	1 391 65	43	713 67	54	1 378 91	70	36
25	22	14	32	55	49	41	01
26	1 390 80	1 894 85	712 98	56	07	12	702 67
27	37	56	63	57	1 377 65	1 885 83	33
28	1 389 94	26	28	58	22	54	701 99
29	52	1 893 97	711 94	59	1 376 80	25	65

TANGENTES, ARCS ET SÉCANTES.

Angle de 72 degrés.

MINUTES.	Longueur de chaque TANGENTE.		ARC substitué aux deux Tangentes.		Partie extérieure de la SÉCANTE.		MINUTES.	Longueur de chaque TANGENTE.		ARC substitué aux deux tangente.		Partie extérieure de la SÉCANTE.	
0	1 376.	38	1 884	96	701	31	30	1 363	83	1 876	23	691	16
1	1 375	96		67	700	97	31		41	1 875	94	690	83
2		54		37		63	32		00		65		49
3		12		08		29	33	1 362	58		36		16
4	1 374	70	1 883	79	699	95	34		17		07	689	82
5		28		50		61	35	1 361	75	1 874	77		49
6	1 373	86		24		27	36		34		48		16
7		44	1 882	92	698	93	37	1 360	92		19	688	82
8		02		63		59	38		51	1 873	90		49
9	1 372	60		34		25	39		09		61		15
10		18		05	697	91	40	1 359	68		32	687	82
11	1 371	76	1 881	76		57	41		27		03		49
12		34		47		23	42	1 358	85	2 872	74		15
13	1 370	93		17	696	89	43		44		45	686	82
14		51	1 880	88		55	44		02		16		49
15		09		59		21	45	1 357	61	1 871	87		15
16	1 369	67		30	695	88	46		20		57	685	82
17		25		01		54	47	1 356	78		28		49
18	1 368	84	1 879	72		20	48		37	1 870	99		16
19		42		43	694	86	49	1 355	95		70	684	82
20		00		14		52	50		54		41		49
21	1 367	58	1 878	85		18	51		13		12		16
22		17		56	993	85	52	1 354	72	1 869	83	683	83
23	1 366	75		27		51	53		30		54		49
24		33	1 877	97		18	54	1 353	89		25		16
25	1 365	91		68	692	84	55		48	1 868	96	682	83
26		50		39		50	56		07		67		50
27		08		10		17	57	1 352	66		37		17
28	1 364	66	1 876	81	691	83	58		24		08	681	83
29		25		52		50	59	1 351	83	1 867	79		50

Angle de 73 degrés.

MINUTES.	Longueur de chaque TANGENTE.	ARC substitué aux deux Tangentes.	Partie extérieure de la SÉCANTE.	MINUTES.	Longueur de chaque TANGENTE	ARC substitué aux deux Tangentes.	Partie extérieure de la SÉCANTE.
0	1 351 42	1 867 50	681 17	30	1 339 16	1 858 78	671 33
1	01	21	680 84	31	1 338 75	49	01
2	1 350 60	1 866 92	51	32	35	19	670 68
3	19	63	18	33	1 337 94	1 857 90	36
4	1 349 78	34	679 85	34	54	61	03
5	37	05	52	35	13	32	669 71
6	1 348 96	1 865 76	20	36	1 336 73	03	39
7	55	47	678 87	37	32	1 856 74	06
8	14	18	54	38	1 335 92	47	668 74
9	1 347 73	1 864 88	21	39	51	16	41
10	32	59	677 88	40	11	1 855 87	09
11	1 346 91	30	55	41	1 334 71	58	667 77
12	50	01	22	42	30	29	44
13	09	1 863 72	676 89	43	1 333 90	1 854 99	12
14	1 345 68	43	56	44	49	70	666 79
15	27	14	23	45	09	41	47
16	1 344 87	1 862 85	675 91	46	1 332 69	12	15
17	46	56	58	47	28	1 853 83	665 82
18	05	27	25	48	1 331 88	54	50
19	1 343 64	1 861 98	674 92	49	47	25	17
20	23	68	59	50	07	1 852 96	664 85
21	1 342 82	39	26	51	1 330 67	67	53
22	42	10	673 94	52	27	38	21
23	01	1 860 81	61	53	1 329 86	09	663 89
24	1 341 60	52	29	54	46	1 851 79	57
25	19	23	672 96	55	06	50	24
26	1 350 79	1 859 94	63	56	1 328 66	21	662 92
27	38	65	31	57	26	1 850 92	60
28	1 339 97	36	671 98	58	1 327 85	63	28
29	57	07	66	59	45	34	661 96

Angle de 74 degrés.

MINUTES.	Longueur de chaque TANGENTE	Arc substitué aux deux Tangentes.	Partie extérieure de la SÉCANTE.	MINUTES.	Longueur de chaque. TANGENTE.	Arc substitué aux deux Tangentes.	Partie extérieure de la SÉCANTE.
0	1 327 05	1 850 05	661 64	30	1 315 07	1 841 32	652 09
1	1 326 65	1 849 76	32	31	1 314 67	03	651 77
2	25	47	00	32	28	1 840 74	46
3	1 325 85	18	660 68	33	1 313 88	45	14
4	45	1 848 89	36	34	49	16	650 83
5	04	60	04	35	09	1 839 87	51
6	1 324 64	30	659 72	36	1 312 69	58	20
7	24	01	40	37	30	29	649 88
8	1 323 84	1 847 72	08	38	1 311 90	00	57
9	44	43	658 76	39	51	1 838 70	25
10	04	14	44	40	11	41	648 94
11	1 322 64	1 846 85	12	41	1 310 71	12	63
12	24	56	657 80	42	32	1 837 83	31
13	1 321 84	27	49	43	1 309 92	54	00
14	44	1 845 98	17	44	53	25	647 68
15	04	69	656 85	45	13	1 836 96	37
16	1 320 64	40	53	46	1 308 74	67	06
17	24	10	21	47	34	38	646 74
18	1 319 84	1 844 81	655 90	48	1 307 95	09	43
19	44	52	58	49	55	1 835 80	11
20	04	23	26	50	16	50	645 80
21	1 318 64	1 843 94	654 94	51	1 306 77	21	49
22	25	65	63	52	37	1 834 92	17
23	1 317 85	36	31	53	1 305 98	63	644 86
24	45	07	653 99	54	59	34	55
25	05	1 842 78	67	55	19	05	24
26	1 316 66	49	36	56	1 304 80	1 833 76	643 93
27	26	20	04	57	41	47	62
28	1 315 86	1 841 90	652 72	58	02	18	30
29	47	61	41	59	1 303 62	1 832 89	642 99

Angle de 75 degrés.

MINUTES.	Longueur de chaque TANGENTE.	ARC substitué aux deux Tangentes.	Partie extérieure de la SÉCANTE.	MINUTES.	Longueur de chaque TANGENTE.	ARC substitué aux deux Tangentes.	Partie extérieure de la SÉCANTE.
0	1 303 23	1 832 60	642 68	30	1 291 52	1 823 87	633 41
1	1 302 84	31	37	31	13	58	40
2	45	01	06	32	1 290 74	29	632 80
3	05	1 831 72	641 75	33	36	00	49
4	1 301 66	43	44	34	1 289 97	1 822 71	19
5	27	14	12	35	58	41	631 88
6	1 300 88	1 830 85	640 81	36	19	12	57
7	49	56	50	37	1 288 80	1 821 83	27
8	09	27	19	38	42	54	630 96
9	1 299 70	1 829 98	639 88	39	03	25	66
10	31	69	57	40	1 287 64	1 820 96	35
11	1 298 92	40	26	41	25	67	04
12	53	11	638 95	42	1 286 87	38	629 74
13	14	1 828 81	64	43	48	09	43
14	1 297 75	52	33	44	10	1 819 80	13
15	36	23	02	45	1 285 71	51	628 82
16	1 296 97	1 827 94	637 72	46	33	21	52
17	58	65	41	47	1 284 94	1 818 92	21
18	19	36	10	48	56	63	627 91
19	1 295 80	07	636 79	49	17	34	60
20	41	1 826 78	48	50	1 283 79	05	30
21	02	49	17	51	40	1 817 76	00
22	1 294 63	20	635 87	52	02	47	626 69
23	24	1 825 91	56	53	1 282 63	18	39
24	1 293 85	61	25	54	25	1 816 89	09
25	46	32	634 94	55	1 281 86	60	625 78
26	08	03	64	56	48	31	48
27	1 292 69	1 824 74	33	57	09	02	18
28	30	45	02	58	1 280 71	1 815 72	624 88
29	1 291 91	16	633 72	59	32	43	57

TANGENTES, ARCS ET SÉCANTES.

Angle de 76 degrés.

MINUTES.	Longueur de chaque TANGENTE.	ARC substitué aux deux Tangentes.	Partie extérieure de la SÉCANTE.	MINUTES.	Longueur de chaque TANGENTE.	ARC substitué aux deux Tangentes.	Partie extérieure de la SÉCANTE.
0	1 279 94	1 815 14	624 27	30	1 268 49	1 806 42	615 26
1	56	1 814 85	623 97	31	11	13	614 96
2	17	56	67	32	1 267 73	1 805 83	67
3	1 278 79	27	36	33	35	54	37
4	41	1 813 98	06	34	1 266 97	25	07
5	02	69	622 76	35	59	1 804 96	613 77
6	1 277 64	40	46	36	22	67	48
7	26	11	16	37	1 265 84	38	18
8	1 276 88	1 812 82	621 85	38	46	09	612 88
9	49	52	55	39	08	1 803 80	59
10	11	23	25	40	1 264 70	51	29
11	1 275 73	1 811 94	620 95	41	32	22	611 99
12	35	65	65	42	1 263 95	1 802 93	70
13	1 274 97	36	35	43	57	63	40
14	59	07	05	44	19	34	11
15	20	1 810 78	619 75	45	1 262 81	05	610 81
16	1 273 82	49	45	46	44	1 801 76	51
17	44	20	15	47	06	47	22
18	06	1 809 91	618 85	48	1 261 68	18	609 92
19	1 272 68	62	55	49	31	1 800 89	63
20	30	33	25	50	1 260 93	60	33
21	1 271 92	03	417 95	51	55	31	04
22	54	1 808 74	65	52	18	02	608 74
23	16	45	35	53	1 559 80	1 799 73	45
24	1 270 78	16	05	54	43	43	15
25	39	1 807 87	616 75	55	05	14	607 86
26	01	58	46	56	1 258 67	1 798 85	57
27	1 269 63	29	16	57	30	56	27
28	25	00	615 86	58	1 257 92	27	606 98
29	1 268 87	1 806 71	56	59	55	1 797 98	68

Angle de 77 degrés.

MINUTES.	Longueur de chaque TANGENTE.	Arc substitué aux deux Tangentes.	Partie extérieure de la SÉCANTE.	MINUTES.	Longueur de chaque TANGENTE.	Arc substitué aux deux Tangentes.	Partie extérieure de la SÉCANTE.
0	1 257 17	1 797 69	606 39	30	1 245 97	1 788 96	597 46
1	1 256 80	40	10	31	60	67	35
2	42	11	605 80	32	23	38	06
3	05	1 796 82	51	33	1 244 86	09	596 77
4	1 255 67	53	22	34	49	1 787 80	48
5	30	24	604 92	35	12	51	19
6	1 254 93	1 795 94	63	36	1 243 75	22	595 91
7	55	65	34	37	38	1 786 93	62
8	18	36	05	38	01	64	33
9	1 253 80	07	603 75	39	1 242 64	34	04
10	43	1 794 78	46	40	27	05	594 75
11	06	49	17	41	1 241 90	1 785 76	46
12	1 252 68	20	602 88	42	53	47	18
13	31	1 793 91	58	43	16	18	593 89
14	1 251 93	62	29	44	1 240 79	1 784 89	60
15	56	33	00	45	42	60	31
16	19	04	601 71	46	06	31	03
17	1 250 81	1 792 74	42	47	1 239 69	02	592 74
18	44	45	12	48	32	1 783 73	45
19	06	16	600 83	49	1 238 95	44	17
20	1 249 69	1 791 87	54	50	58	14	591 88
21	32	58	25	51	21	1 782 85	59
22	1 248 95	29	599 96	52	1 237 84	56	31
23	57	00	67	53	48	27	02
24	20	1 790 71	38	54	11	1 781 98	590 74
25	1 247 83	42	09	55	1 236 74	69	45
26	46	13	598 80	56	37	40	16
27	09	1 789 84	51	57	00	11	589 88
28	1 246 71	54	22	58	1 235 64	1 780 82	59
29	34	25	597 93	59	27	53	31

Angle de 78 degrés.

MINUTES.	Longueur de chaque TANGENTE.	ARC substitué aux deux Tangentes.	Partie extérieure de la SÉCANTE.	MINUTES.	Longueur de chaque TANGENTE.	ARC substitué aux deux Tangentes.	Partie extérieure de la SÉCANTE.
0	1 234 90	1 780 24	589 02	30	1 223 94	1 771 51	580 51
1	53	1 779 95	588 73	31	58	22	23
2	17	65	45	32	21	1 770 93	779 95
3	1 233 80	36	16	33	1 222 85	64	67
4	43	07	587 88	34	49	35	39
5	06	1 778 78	59	35	12	05	11
6	1 232 70	49	31	36	1 221 76	1 769 76	578 83
7	33	20	02	37	40	47	55
8	1 231 96	1 777 91	586 74	38	04	18	27
9	60	62	45	39	1 220 67	1 768 89	577 99
10	23	33	17	40	31	60	71
11	1 230 86	04	585 89	41	1 219 95	31	43
12	50	1 776 75	60	42	59	02	15
13	13	45	32	43	23	1 767 73	576 87
14	1 229 77	16	03	44	1 218 87	44	59
15	40	1 775 87	584 75	45	50	15	31
16	04	58	47	46	14	1 766 86	03
17	1 228 67	29	18	47	1 217 78	56	575 75
18	31	00	583 90	48	42	27	47
19	1 227 94	1 774 71	61	49	06	1 765 98	19
20	58	42	33	50	1 216 70	09	574 91
21	22	13	05	51	34	40	63
22	1 226 85	1 773 84	582 77	52	1 215 98	11	35
23	49	55	48	53	62	1 764 82	08
24	12	25	20	54	26	53	573 80
25	1 225 76	1 772 96	581 92	55	1 214 90	24	52
26	40	67	64	56	54	1 763 95	24
27	03	37	36	57	18	66	672 96
28	1 224 67	09	07	58	1 213 82	36	69
29	30	1 771 80	580 79	59	46	07	41

Angle de 79 degrés.

MINUTES.	Longueur de chaque TANGENTE.		ARC substitué aux deux Tangentes.		Partie extérieure de la SÉCANTE.		MINUTES.	Longueur de chaque TANGENTE.		ARC substitué aux deux Tangentes.		Partie extérieure de la SÉCANTE.	
0	1 213	10	1 762	78	572	13	30	1 202	37	1 754	06	563	87
1	1 212	74		49	571	85	31		01	1 753	77		60
2		38		20		58	32	1 201	66		47		32
3		02	1 761	91		30	33		30		18		05
4	1 211	66		62		03	34	1 200	95	1 752	89	562	78
5		30		33	570	75	35		59		60		50
6	1 210	95		04		47	36		24		31		23
7		59	1 760	75		20	37	1 199	88		02	561	96
8		23		46	569	92	38		53	1 751	73		69
9	1 209	87		17		65	39		17		44		41
10		51	1 759	87		37	40	1 198	82		15		14
11		15		58		09	41		47	1 750	86	560	87
12	1 208	79		29	568	82	42		11		57		60
13		44		00		54	43	1 197	76		27		33
14		08	1 758	71		27	44		40	1 749	98		06
15	1 207	72		42	567	99	45		05		69	559	78
16		36		13		71	46	1 196	70		40		51
17		00	1 757	84		44	47		34		11		24
18	1 206	65		55		16	48	1 195	99	1 748	82	558	97
19		29		26	566	89	49		63		53		70
20	1 205	93	1 756	97		61	50		28		24		43
21		57		67		34	51	1 194	93	1 747	95		16
22		22		38		06	52		57		66	557	89
23	1 204	86		09	565	79	53		22		37		62
24		51	1 755	80		51	54	1 193	87		07		35
25		15		51		24	55		51	1 746	78		07
26	1 203	79		22	564	97	56		16		49	556	80
27		44	1 754	93		69	57	1 192	81		20		53
28		08		64		42	58		46	1 745	91		26
29	1 202	73		35		14	59		10		62	555	99

4.

TANGENTES, ARCS ET SÉCANTES.

Angle de 80 degrés.

MINUTES.	Longueur de chaque TANGENTE.	ARC substitué aux deux Tangentes.	Partie extérieure de la SÉCANTE.	MINUTES.	Longueur de chaque TANGENTE.	ARC substitué aux deux tangente.	Partie extérieure de la SÉCANTE.
0	1 191 75	1 745 33	555 72	30	1 181 23	1 736 60	547 69
1	40	04	45	31	1 180 90	31	42
2	05	1 744 75	18	32	55	02	16
3	1 190 70	46	554 91	33	21	1 735 73	546 89
4	35	17	64	34	1 179 86	44	63
5	1 189 99	1 743 88	37	35	51	15	36
6	64	58	11	36	16	1 734 86	10
7	29	29	553 84	37	1 178 81	57	545 83
8	1 188 94	00	57	38	47	28	57
9	59	1 742 71	30	39	12	1 733 98	30
10	24	42	03	40	1 177 77	69	04
11	1 187 89	13	552 76	41	42	40	544 78
12	54	1 741 84	50	42	08	11	51
13	19	55	23	43	1 176 73	1 732 82	25
14	1 186 84	26	551 96	44	38	53	543 98
15	49	1 740 97	69	45	03	24	72
16	14	68	43	46	1 175 69	1 731 95	46
17	1 185 79	38	16	47	34	66	19
18	44	09	550 89	48	1 174 99	37	542 93
19	09	1 739 80	63	49	65	08	66
20	1 184 74	51	36	50	30	1 730 78	40
21	39	22	09	51	1 173 95	49	14
22	04	1 738 93	549 83	52	61	20	541 87
23	1 183 69	64	56	53	26	1 729 91	61
24	34	35	29	54	1 172 92	62	35
25	1 182 99	06	02	55	57	33	08
26	65	1 737 77	548 76	56	23	04	540 82
27	30	48	49	57	1 171 88	1 728 75	56
28	1 181 95	18	22	58	54	46	30
29	60	1 736 89	547 96	59	19	17	03

Angle de 81 degrés.

MINUTES.	Longueur de chaque TANGENTE.	ARC substitué aux deux Tangentes.	Partie extérieure de la SÉCANTE.	MINUTES.	Longueur de chaque TANGENTE	ARC substitué aux deux Tangentes.	Partie extérieure de la SÉCANTE.
0	1 170 85	1 727 88	539 77	30	1 160 56	1 719 15	531 96
1	51	59	51	31	22	1 718 86	70
2	16	29	25	32	1 159 88	57	44
3	1 169 82	00	538 98	33	54	28	19
4	47	1 726 71	72	34	20	1 717 99	530 93
5	13	42	46	35	1 158 85	70	67
6	1 168 79	13	20	36	51	40	41
7	44	1 725 84	537 94	37	17	11	15
8	10	55	67	38	1 157 83	1 716 82	529 90
9	1 167 75	26	41	39	49	53	64
10	41	1 724 97	15	40	15	24	38
11	07	68	536 89	41	1 156 81	1 715 95	12
12	1 166 72	39	63	42	47	66	528 87
13	38	09	37	43	13	37	61
14	04	1 723 80	11	44	1 155 79	08	35
15	1 165 69	51	535 85	45	45	1 714 79	09
16	35	22	59	46	11	50	527 84
17	01	1 722 93	33	47	1 154 77	20	58
18	1 164 67	64	07	48	43	1 713 91	32
19	32	35	534 81	49	09	62	07
20	1 163 98	06	55	50	1 153 75	33	526 81
21	64	1 721 77	29	51	41	04	55
22	30	48	03	52	07	1 712 75	30
23	1 162 95	19	533 77	53	1 152 74	46	04
24	61	1 720 90	51	54	40	17	525 79
25	27	60	25	55	06	1 711 88	53
26	1 161 93	31	00	56	1 151 72	59	27
27	59	02	532 74	57	38	30	82
28	24	1 719 73	48	58	05	00	524 76
29	1 160 90	44	22	59	1 150 71	1 710 71	51

Angle de 82 degrés.

MINUTES.	Longueur de chaque TANGENTE	ARC substitué aux deux Tangentes.	Partie extérieure de la SÉCANTE.	MINUTES.	Longueur de chaque TANGENTE.	ARC substitué aux deux Tangentes.	Partie extérieure de la SÉCANTE.
0	1 150 37	1 710 42	524 25	30	1 140 28	1 701 70	516 65
1	03	13	00	31	1 139 95	41	40
2	1 149 69	1 709 84	523 74	32	61	11	15
3	36	55	49	33	28	1 700 82	515 90
4	02	26	23	34	1 138 94	53	65
5	1 148 68	1 708 97	522 98	35	61	24	39
6	34	68	73	36	28	1 699 95	14
7	00	39	47	37	1 137 94	66	514 89
8	1 147 67	10	22	38	61	37	64
9	33	1 707 81	521 96	39	27	08	39
10	1 146 99	51	71	40	1 136 94	1 698 79	14
11	65	22	46	41	61	50	513 89
12	32	1 706 93	20	42	27	21	64
13	1 145 98	64	520 95	43	1 135 94	1 697 91	39
14	65	35	70	44	61	62	14
15	31	06	44	45	27	33	512 89
16	1 144 97	1 705 77	19	46	1 134 94	04	65
17	64	48	519 94	47	61	1 696 75	40
18	30	19	69	48	28	46	15
19	1 143 97	1 704 90	43	49	1 133 94	17	511 90
20	63	61	18	50	61	1 695 88	65
21	29	31	518 93	51	28	59	40
22	1 142 96	02	67	52	1 132 95	30	15
23	62	1 703 73	42	53	62	01	510 90
24	29	44	17	54	29	1 694 71	65
25	1 141 95	15	517 91	55	1 131 95	42	40
26	62	1 702 86	66	56	62	13	10
27	28	57	41	57	29	1 693 84	509 91
28	1 140 95	28	16	58	1 130 96	55	66
29	61	1 701 99	516 90	59	63	26	41

Angle de 83 degrés.

MINUTES.	Longueur de chaque TANGENTE.	ARC substitué aux deux Tangentes.	Partie extérieure de la SÉCANTE.	MINUTES.	Longueur de chaque TANGENTE.	ARC substitué aux deux Tangentes.	Partie extérieure de la SÉCANTE.
0	1 130 30	1 692 97	509 16	30	1 120 41	1 684 24	501 77
1	1 129 97	68	508 91	31	08	1 683 95	53
2	64	39	66	32	1 119 75	66	28
3	31	10	42	33	43	37	04
4	1 128 98	1 691 81	17	34	10	08	500 79
5	64	52	507 92	35	1 118 77	1 682 79	55
6	31	22	67	36	44	50	31
7	1 127 98	1 690 93	42	37	11	21	06
8	35	64	17	38	1 117 79	1 681 92	499 82
9	32	35	506 93	39	46	62	57
10	1 126 99	06	68	40	13	33	33
11	66	1 689 77	43	41	1 116 80	04	09
12	33	48	19	42	48	1 680 75	498 84
13	00	19	505 94	43	15	46	60
14	1 125 67	1 688 90	70	44	1 115 83	17	36
15	34	61	45	45	50	1 679 88	11
16	01	32	20	46	17	59	497 87
17	1 124 68	02	504 96	47	1 114 85	30	63
18	35	1 687 73	71	48	52	01	39
19	02	44	47	49	20	1 678 72	14
20	1 123 69	15	22	50	1 113 87	43	496 90
21	36	1 686 86	503 97	51	54	13	66
22	03	57	73	52	22	1 677 84	42
23	1 122 71	28	48	53	1 112 89	55	17
24	38	1 685 99	24	54	57	26	495 93
25	05	70	502 99	55	24	1 676 97	69
26	1 121 72	41	75	56	1 111 91	68	45
27	39	12	50	57	59	39	21
28	07	1 684 82	26	58	26	10	494 96
29	1 120 74	53	01	59	1 110 94	1 675 81	72

Angle de 84 degrés.

MINUTES.	Longueur de chaque TANGENTE.	ARC substitué aux deux Tangentes.	Partie extérieure de la SÉCANTE.	MINUTES.	Longueur de chaque TANGENTE.	ARC substitué aux deux Tangentes.	Partie extérieure de la SÉCANTE.
0	1 110 61	1 675 52	494 48	30	1 100 91	1 666 79	487 28
1	29	23	24	31	59	50	04
2	1 109 96	1 674 93	00	32	27	21	486 81
3	64	64	493 76	33	1 099 95	1 665 92	57
4	31	35	52	34	63	63	33
5	1 108 99	06	27	35	30	34	09
6	67	1 673 77	03	36	1 098 98	04	485 86
7	34	48	492 79	37	66	1 664 75	62
8	02	19	55	38	34	46	38
9	1 107 69	1 672 90	31	39	02	17	15
10	37	61	07	40	1 097 70	1 663 88	484 91
11	05	32	491 83	41	38	59	67
12	1 106 72	03	59	42	06	30	44
13	40	1 671 74	35	43	1 096 74	01	20
14	08	44	11	44	42	1 662 72	483 96
15	1 105 75	15	490 87	45	10	43	72
16	43	1 670 86	63	46	1 095 78	14	49
17	11	57	39	47	46	1 661 84	25
18	1 104 79	28	15	48	14	55	01
19	46	1 669 99	489 91	49	1 094 82	26	482 78
20	14	70	67	50	50	1 660 97	54
21	1 103 82	41	43	51	18	68	30
22	49	12	19	52	1 093 86	39	07
23	17	1 668 83	488 95	53	54	10	481 83
24	1 102 85	54	71	54	22	1 659 81	60
25	52	24	47	55	1 092 90	52	36
26	20	1 667 95	24	56	59	23	13
27	1 101 88	66	00	57	27	1 658 94	480 89
28	56	37	487 76	58	1 091 95	64	66
29	23	08	52	59	63	35	42

Angle de 85 degrés.

MINUTES.	Longueur de chaque TANGENTE.	ARC substitué aux deux Tangentes.	Partie extérieure de la SÉCANTE.	MINUTES.	Longueur de chaque TANGENTE.	ARC substitué aux deux Tangentes.	Partie extérieure de la SÉCANTE.
0	1 091 31	1 658 06	480 19	30	1 081 80	1 649 34	473 19
1	1 090 99	1 657 77	479 95	31	48	05	472 96
2	67	48	72	32	17	1 648 75	73
3	36	19	48	33	1 080 85	46	49
4	04	1 656 90	25	34	54	17	26
5	1 089 72	61	01	35	22	1 647 88	03
6	40	32	478 78	36	1 079 90	59	471 80
7	08	03	54	37	59	30	57
8	1 088 77	1 655 74	31	38	27	01	33
9	45	45	07	39	1 078 96	1 646 72	10
10	13	15	477 84	40	64	43	470 87
11	1 087 81	1 654 86	61	41	33	14	64
12	50	57	37	42	01	1 645 85	41
13	18	28	14	43	1 077 70	55	18
14	1 086 86	1 653 99	476 91	44	38	26	469 95
15	54	70	67	45	07	1 644 97	72
16	23	41	44	46	1 076 76	68	49
17	1 085 91	12	21	47	44	39	26
18	59	1 652 83	475 98	48	13	10	03
19	28	54	74	49	1 075 81	1 643 81	468 80
20	1 084 96	25	51	50	50	52	57
21	64	1 651 95	28	51	19	23	34
22	33	66	05	52	1 074 87	1 642 94	11
23	01	37	474 81	53	66	65	467 88
24	1 083 70	08	58	54	24	35	65
25	38	1 650 79	35	55	1 073 93	06	42
26	06	50	12	56	62	1 641 77	20
27	1 082 75	21	473 89	57	30	48	466 97
28	43	1 649 92	65	58	1 072 99	19	74
29	12	63	42	59	67	1 640 90	51

TANGENTES, ARCS ET SÉCANTES.

Angle de 86 degrés.

MINUTES.	Longueur de chaque TANGENTE.	ARC substitué aux deux Tangentes.	Partie extérieure de la SÉCANTE.	MINUTES.	Longueur de chaque TANGENTE.	ARC substitué aux deux Tangentes.	Partie extérieure de la SÉCANTE.
0	1 072 36	1 640 61	466 28	30	1 063 03	1 631 88	459 46
1	05	32	05	31	1 062 72	59	24
2	1 071 74	03	465 82	32	41	30	01
3	43	1 639 74	60	33	10	01	458 79
4	12	45	37	34	1 061 80	1 630 72	56
5	1 070 80	16	14	35	49	43	34
6	49	1 638 86	464 92	36	18	14	12
7	18	57	69	37	1 060 87	1 629 85	457 89
8	1 069 87	28	46	38	56	56	67
9	56	1 637 99	23	39	25	27	44
10	25	70	01	40	1 059 95	1 628 97	22
11	1 068 94	41	463 78	41	64	68	00
12	63	12	55	42	33	39	456 77
13	32	1 636 83	32	43	02	10	55
14	01	54	10	44	1 058 71	1 627 81	32
15	1 067 69	25	462 87	45	40	52	10
16	38	1 635 96	64	46	10	23	455 88
17	07	66	41	47	1 057 79	1 626 94	65
18	1 066 76	37	19	48	48	65	43
19	45	08	461 96	49	17	36	20
20	14	1 634 79	73	50	1 056 86	07	454 98
21	1 065 83	50	51	51	55	1 625 77	76
22	52	21	28	52	25	48	53
23	21	1 633 92	05	53	1 055 94	19	31
24	1 064 90	63	460 82	54	63	1 624 90	08
25	58	34	60	55	32	61	453 86
26	27	05	37	56	01	32	64
27	1 063 96	1 632 76	14	57	1 054 70	03	41
28	65	46	459 91	58	40	1 623 74	19
29	34	17	69	59	09	45	452 96

Angle de 87 degrés.

MINUTES.	Longueur de chaque TANGENTE.	ARC substitué aux deux Tangentes.	Partie extérieure de la SÉCANTE.	MINUTES.	Longueur de chaque TANGENTE.	ARC substitué aux deux Tangentes.	Partie extérieure de la SÉCANTE.
0	1 053 78	1 623 16	452 74	30	1 014 61	1 614 43	446 10
1	48	1 622 87	52	31	31	14	445 88
2	17	58	30	32	01	1 613 85	66
3	1 052 86	28	08	33	1 043 70	56	45
4	56	1 621 99	451 85	34	40	27	23
5	25	70	63	35	10	1 612 98	01
6	1 051 95	41	41	36	1 042 79	68	444 79
7	64	12	19	37	49	39	57
8	34	1 620 83	450 97	38	19	10	36
9	03	54	75	39	1 041 89	1 611 81	14
10	1 050 72	25	53	40	58	52	443 92
11	42	1 619 96	30	41	28	23	70
12	11	67	08	42	1 040 98	1 610 94	48
13	1 049 81	38	449 86	43	68	65	27
14	50	08	64	44	37	36	05
15	20	1 618 79	42	45	07	07	442 83
16	1 048 89	50	20	46	1 039 77	1 609 78	61
17	58	21	448 98	47	47	48	39
18	28	1 617 92	76	48	16	19	18
19	1 047 97	63	53	49	1 038 86	1 608 90	441 96
20	67	34	31	50	56	61	74
21	36	05	09	51	25	32	52
22	06	1 616 76	447 87	52	1 037 95	03	30
23	1 046 75	47	65	53	65	1 607 74	09
24	44	18	43	54	35	45	440 87
25	14	1 615 88	21	55	04	16	65
26	1 045 83	59	446 99	56	1 036 74	1 606 87	43
27	53	30	76	57	44	58	21
28	22	01	54	58	14	28	00
29	1 044 92	1 614 72	32	59	1 035 83	1 605 99	439 78

Angle de 88 degrés.

MINUTES.	Longueur de chaque TANGENTE.	ARC substitué aux deux Tangentes.	Partie extérieure de la SÉCANTE.	MINUTES.	Longueur de chaque TANGENTE.	ARC substitué aux deux tangente.	Partie extérieure de la SÉCANTE.
0	1 035 53	1 605 70	439 56	30	1 026 53	1 596 98	433 09
1	23	41	35	31	23	69	432 88
2	1 034 93	12	13	32	1 025 93	39	66
3	63	1 604 83	438 91	33	64	10	45
4	33	54	70	34	34	1 595 81	24
5	03	25	48	35	04	52	03
6	1 033 73	1 603 96	27	36	1 024 75	23	431 82
7	43	67	05	37	45	1 594 94	60
8	13	38	437 84	38	15	65	39
9	1 032 83	09	62	39	1 023 85	36	18
10	53	1 602 79	40	40	56	07	430 97
11	23	50	19	41	26	1 593 78	75
12	1 031 93	21	436 97	42	1 022 96	49	54
13	63	1 601 92	76	43	66	19	33
14	33	63	54	44	37	1 592 90	12
15	03	34	33	45	07	61	429 90
16	1 030 73	05	11	46	1 021 77	32	69
17	43	1 600 76	435 89	47	47	03	48
18	13	47	68	48	18	1 591 74	27
19	1 029 83	18	46	49	1 020 88	45	06
20	53	1 599 89	25	50	58	16	428 84
21	23	59	03	51	29	1 590 87	63
22	1 028 93	30	434 82	52	1 019 99	59	42
23	63	01	60	53	69	29	21
24	33	1 598 72	38	54	39	1 589 99	427 99
25	03	43	17	55	10	70	78
26	1 027 73	14	433 95	56	1 018 80	41	57
27	43	1 597 85	74	57	50	12	36
28	13	56	52	58	20	1 588 83	14
29	1 026 83	27	31	59	1 017 91	54	426 93

Angle de 89 degrés.

MINUTES.	Longueur de chaque TANGENTE.	ARC substitué aux deux Tangentes.	Partie extérieure de la SÉCANTE.	MINUTES.	Longueur de chaque TANGENTE	ARC substitué aux deux Tangentes.	Partie extérieure de la SÉCANTE.
0	1 017 61	1 588 25	426 72	30	1 008 76	1 579 52	420 42
1	31	1 587 96	51	31	47	23	21
2	02	67	30	32	18	1 578 94	01
3	1 016 72	38	09	33	1 007 88	65	319 80
4	43	09	425 88	34	59	36	59
5	13	1 586 80	67	35	30	07	38
6	1 015 84	50	46	36	01	1 577 78	18
7	54	21	25	37	1 006 72	49	418 97
8	25	1 585 92	04	38	42	20	76
9	1 014 95	63	424 83	39	13	1 576 91	56
10	66	34	62	40	1 005 84	61	35
11	36	05	41	41	55	32	14
12	07	1 584 76	20	42	26	03	417 94
13	1 013 77	47	423 99	43	1 004 96	2 575 74	73
14	48	18	78	44	67	45	52
15	18	1 583 89	57	45	38	16	31
16	1 012 89	60	36	46	09	1 574 87	11
17	59	30	15	47	1 003 80	58	416 90
18	30	01	422 94	48	50	29	69
19	00	1 582 72	73	49	21	00	49
20	1 011 71	43	52	50	1 002 92	1 573 71	28
21	41	14	31	51	63	41	07
22	12	1 581 85	10	52	34	12	415 87
23	1 010 82	56	421 89	53	04	1 572 83	66
24	53	27	68	54	1 001 75	54	45
25	23	1 580 98	47	55	46	25	24
26	1 009 94	69	26	56	17	1 571 96	04
27	64	40	05	57	1 000 88	67	414 62
28	35	11	420 84	58	58	38	42
29	05	1 579 81	63	59	29	09	21

TANGENTES, ARCS ET SÉCANTES.

Angle de 90 degrés.

MINUTES.	Longueur de chaque TANGENTE	ARC substitué aux deux Tangentes.	Partie extérieure de la SÉCANTE.	MINUTES.	Longueur de chaque. TANGENTE.	ARC substitué aux deux Tangentes.	Partie extérieure de la SÉCANTE.
0	1 000 00	1 570 80	414 21	30	991 31	1 562 07	408 08
1	999 71	51	00	31	02	1 561 78	407 88
2	42	22	413 80	32	990 74	49	68
3	13	1 569 92	60	33	45	20	48
4	998 81	63	39	34	16	1 560 91	27
5	55	34	19	35	989 88	62	07
6	26	05	412 98	36	59	32	406 87
7	997 97	1 568 76	78	37	30	03	67
8	68	47	57	38	01	1 559 74	47
9	39	18	37	39	988 73	45	27
10	10	1 567 89	17	40	44	16	06
11	996 81	60	411 96	41	15	1 558 87	405 86
12	52	31	76	42	987 87	58	66
13	23	02	55	43	58	29	46
14	995 95	1 566 72	35	44	29	00	26
15	66	43	14	45	00	1 557 71	06
16	37	14	410 94	46	986 72	42	404 85
17	08	1 565 85	74	47	43	12	65
18	994 79	56	53	48	14	1 556 83	45
19	50	27	33	49	985 86	54	25
20	21	1 564 98	12	50	57	25	05
21	993 92	69	409 92	51	28	1 555 96	403 85
22	63	40	71	52	00	67	64
23	34	11	51	53	984 71	38	44
24	05	1 563 82	31	54	42	09	24
25	992 76	52	10	55	13	1 554 80	04
26	47	23	408 90	56	983 85	51	402 84
27	18	1 562 94	69	57	56	22	64
28	991 89	65	49	58	27	1 553 92	43
29	60	36	28	59	982 99	63	23

Angle de 91 degrés.

MINUTES.	Longueur de chaque TANGENTE.	ARC substitué aux deux Tangentes.	Partie extérieure de la SÉCANTE.	MINUTES.	Longueur de chaque TANGENTE.	ARC substitué aux deux Tangentes.	Partie extérieure de la SÉCANTE.
0	982 70	1 553 34	402 03	30	974 16	1 544 62	396 06
1	42	05	401 83	31	973 88	33	395 86
2	13	1 552 76	63	32	59	03	67
3	981 85	47	43	33	31	1 543 74	47
4	56	18	23	34	03	45	27
5	28	1 551 89	03	35	972 75	16	08
6	980 99	60	400 84	36	47	1 542 87	394 88
7	71	31	64	37	18	58	68
8	42	02	44	38	971 90	29	49
9	14	1 550 73	24	39	62	00	29
10	979 85	43	04	40	34	1 541 71	09
11	57	14	399 84	41	05	42	393 90
12	28	1 549 85	64	42	970 77	13	70
13	00	56	44	43	49	1 540 83	50
14	978 72	27	24	44	21	54	31
15	43	1 548 98	04	45	969 92	25	11
16	15	69	398 85	46	64	1 539 96	392 91
17	977 86	40	65	47	36	67	72
18	58	11	45	48	08	38	52
19	29	1 547 82	25	49	968 80	09	32
20	01	53	05	50	51	1 338 80	13
21	976 72	23	397 85	51	23	51	391 93
22	44	1 546 94	65	52	967 95	22	73
23	15	65	45	53	67	1 537 93	54
24	975 87	36	25	54	38	64	34
25	58	07	05	55	10	34	14
26	30	1 545 78	396 86	56	966 82	05	390 95
27	01	49	66	57	54	1 536 76	75
28	974 73	20	46	58	25	47	55
29	44	1 544 91	26	59	965 97	18	36

TANGENTES, ARCS ET SÉCANTES.

Angle de 92 degrés.

MINUTES.	Longueur de chaque TANGENTE.	ARC substitué aux deux Tangentes.	Partie extérieure de la SÉCANTE.	MINUTES.	Longueur de chaque TANGENTE.	ARC substitué aux deux Tangentes.	Partie extérieure de la SÉCANTE.
0	965 69	1 535 89	390 16	30	957 29	1 527 16	384 34
1	41	60	389 97	31	01	1 526 87	15
2	13	31	77	32	956 74	58	383 96
3	964 85	02	58	33	46	29	77
4	57	1 534 73	38	34	18	00	57
5	29	44	19	35	955 90	1 525 71	38
6	01	15	00	36	62	42	19
7	963 73	1 533 85	388 80	37	35	13	00
8	45	56	61	38	07	1 524 84	382 81
9	17	27	41	39	954 70	55	62
10	962 89	1 532 98	22	40	51	25	43
11	61	69	03	41	24	1 523 96	22
12	33	40	387 83	42	953 96	67	04
13	05	11	64	43	68	38	381 85
14	961 77	1 531 82	44	44	40	09	66
15	49	53	25	45	13	1 522 80	47
16	21	24	06	46	952 85	51	28
17	960 93	1 530 95	386 86	47	57	22	09
18	65	65	67	48	29	1 521 93	380 90
19	37	36	47	49	01	64	70
20	09	07	28	50	951 74	35	51
21	959 81	1 529 78	09	51	46	05	32
22	53	49	385 89	52	18	1 520 76	13
23	25	20	70	53	950 90	47	379 94
24	958 97	1 528 91	50	54	63	18	75
25	69	62	31	55	35	1 519 89	56
26	41	33	12	56	07	60	37
27	13	04	384 92	57	949 79	31	17
28	957 85	1 527 75	73	58	52	02	378 98
29	57	45	53	59	24	1 518 73	79

Angle de 93 degrés.

MINUTES.	Longueur de chaque TANGENTE.	ARC substitué aux deux Tangentes.	Partie extérieure de la SÉCANTE.	MINUTES.	Longueur de chaque TANGENTE.	ARC substitué aux deux Tangentes.	Partie extérieure de la SÉCANTE.
0	948 96	1 518 84	378 60	30	940 71	1 509 71	372 93
1	68	15	41	31	44	42	74
2	41	1 517 86	22	32	16	13	56
3	13	56	03	33	939 89	1 508 84	37
4	947 86	27	377 84	34	62	55	18
5	58	1 516 98	65	35	34	26	00
6	31	69	47	36	07	1 507 96	371 81
7	03	40	28	37	938 80	67	62
8	946 76	11	09	38	52	38	44
9	48	1 515 82	376 90	39	25	09	25
10	21	53	71	40	937 98	1 506 80	06
11	945 93	24	52	41	70	51	370 88
12	66	1 514 95	33	42	43	22	69
13	38	66	14	43	16	1 505 93	50
14	11	36	375 95	44	936 88	64	32
15	944 83	07	76	45	61	35	13
16	56	1 513 78	58	46	34	06	369 94
17	28	49	39	47	06	1 504 76	76
18	01	20	20	48	935 79	47	57
19	943 73	1 512 91	01	49	52	18	38
20	46	62	374 82	50	24	1 503 89	20
21	18	33	63	51	934 97	60	01
22	942 91	04	44	52	70	31	368 82
23	63	1 511 75	25	53	42	02	64
24	36	46	06	54	15	1 502 73	45
25	08	16	373 87	55	933 88	44	26
26	941 84	1 510 87	69	56	60	15	08
27	53	58	50	57	33	1 501 86	367 89
28	26	29	31	58	06	56	70
29	940 98	00	12	59	932 78	27	52

Angle de 94 degrés.

MINUTES.	Longueur de chaque TANGENTE.		ARC substitué aux deux Tangentes.		Partie extérieure de la SÉCANTE.		MINUTES.	Longueur de chaque TANGENTE.		ARC substitué aux deux Tangentes.		Partie extérieure de la SÉCANTE.	
0	932	51	1 500	98	367	33	30	924	39	1 492	26	361	80
1		24		69		14	31		12	1 491	97		62
2	931	97		40	366	96	32	923	85		68		44
3		70		11		78	33		58		38		25
4		43	1 499	82		59	34		32		09		07
5		16		53		41	35		05	1 490	80	360	89
6	930	89		24		22	36	922	78		51		71
7		62	1 498	95		04	37		51		22		53
8		35		66	365	85	38		24	1 489	93		34
9		07		37		67	39	921	97		64		16
10	929	80		07		49	40		70		35	359	98
11		53	1 497	78		30	41		44		06		80
12		26		49		12	42		17	1 488	77		62
13	928	99		20	364	93	43	920	90		48		43
14		72	1 496	91		75	44		63		18		25
15		45		62		56	45		36	1 487	89		07
16		18		33		38	46		09		60	358	89
17	927	91		04		20	47	919	82		31		71
18		64	1 495	75		01	48		55		02		52
19		37		46	363	83	49		29	1 486	73		34
20		10		17		64	50		02		44		16
21	926	83	1 494	87		46	51	918	75		15	357	98
22		56		58		27	52		48	1 485	86		80
23		28		29		09	53		21		57		61
24		01		00	362	91	54	917	94		28		43
25	925	74	1 493	71		72	55		67	1 484	98		25
26		47		42		54	56		40		69		07
27		20		13		35	57		14		40	356	89
28	924	93	1 492	84		17	58	916	87		11		70
29		66		55	361	98	59		60	1 483	82		52

Angle de 95 degrés.

MINUTES.	Longueur de chaque TANGENTE.	ARC substitué aux deux Tangentes.	Partie extérieure de la SÉCANTE.	MINUTES.	Longueur de chaque TANGENTE.	ARC substitué aux deux Tangentes.	Partie extérieure de la SÉCANTE.
0	916 33	1 483 53	356 34	30	908 34	1 474 80	350 95
1	06	24	16	31	08	51	77
2	915 80	1 482 95	355 98	32	907 81	22	59
3	53	66	80	33	55	1 473 93	42
4	26	37	62	34	28	64	24
5	00	08	44	35	02	35	06
6	914 73	1 481 79	26	36	906 75	06	349 89
7	46	49	08	37	49	1 472 77	71
8	20	20	354 90	38	22	48	53
9	913 93	1 480 91	72	39	905 96	19	35
10	67	62	54	40	69	1 471 89	18
11	40	33	36	41	43	60	00
12	13	04	18	42	16	31	348 82
13	912 87	1 479 75	00	43	904 90	02	64
14	60	46	353 83	44	64	1 470 73	47
15	33	17	65	45	37	44	29
16	07	1 478 88	47	46	11	15	11
17	911 80	59	29	47	903 84	1 469 86	347 93
18	54	29	11	48	58	57	76
19	27	00	352 93	49	31	28	58
20	00	1 477 71	75	50	05	1 468 99	40
21	910 74	42	57	51	902 78	69	23
22	47	13	39	52	52	40	05
23	20	1 476 84	21	53	25	11	346 87
24	909 94	55	03	54	901 99	1 467 82	69
25	67	26	351 85	55	72	53	52
26	41	1 475 97	67	56	46	24	34
27	14	68	49	57	19	1 466 95	16
28	908 87	39	31	58	900 93	66	345 98
29	61	09	13	59	66	37	81

TANGENTES, ARCS ET SÉCANTES.

Angle de 96 degrés.

MINUTES.	Longueur de chaque TANGENTE.	ARC substitué aux deux Tangentes.	Partie extérieure de la SÉCANTE.	MINUTES.	Longueur de chaque TANGENTE.	ARC substitué aux deux tangente.	Partie extérieure de la SÉCANTE.
0	900 40	1 466 08	345 63	30	892 53	1 457 35	340 38
1	14	1 465 79	45	31	27	06	21
2	899 87	50	28	32	01	1 456 77	03
3	61	20	10	33	891 75	48	339 86
4	35	1 464 91	344 93	34	49	19	69
5	09	62	75	35	23	1 455 90	51
6	898 83	33	58	36	890 97	60	34
7	56	04	40	37	71	31	17
8	30	1 463 75	23	38	45	02	00
9	04	46	05	39	19	1 454 73	338 82
10	897 78	16	343 88	40	889 93	44	65
11	51	1 462 88	70	41	67	15	48
12	25	59	53	42	41	1 453 86	30
13	896 99	30	35	43	15	57	13
14	73	00	18	44	888 89	28	337 96
15	46	1 461 71	00	45	63	1 452 99	78
16	20	42	242 83	46	37	70	61
17	895 94	13	65	47	11	40	44
18	68	1 460 84	48	48	887 85	11	27
19	42	55	30	49	59	1 451 82	09
20	15	26	13	50	33	53	336 92
21	894 89	1 459 97	341 95	51	07	24	75
22	63	68	78	52	886 81	1 450 95	57
23	37	39	60	53	55	66	40
24	10	10	43	54	29	37	23
25	893 84	1 458 80	25	55	03	08	05
26	58	51	08	56	885 77	1 449 79	335 88
27	32	22	340 90	57	51	50	71
28	06	1 457 93	73	58	25	21	54
29	892 79	64	55	59	884 99	1 448 91	36

Angle de 97 degrés.

MINUTES.	Longueur de chaque TANGENTE.	ARC substitué aux deux Tangentes.	Partie extérieure de la SÉCANTE.	MINUTES.	Longueur de chaque TANGENTE.	ARC substitué aux deux Tangentes.	Partie extérieure de la SÉCANTE.
0	884 73	1 448 62	335 19	30	876 98	1 439 90	330 07
1	47	33	02	31	72	61	329 90
2	21	04	334 85	32	47	32	73
3	883 95	1 447 75	68	33	21	02	56
4	70	46	51	34	875 95	1 438 73	40
5	44	17	34	35	70	44	23
6	18	1 446 88	17	36	44	15	06
7	882 92	59	00	37	18	1 437 86	328 89
8	66	30	333 83	38	874 93	57	72
9	40	01	65	39	67	28	55
10	15	1 445 71	48	40	42	1 436 99	38
11	881 89	42	31	41	16	70	22
12	63	13	14	42	873 90	41	05
13	37	1 444 84	332 97	43	65	12	327 88
14	11	55	80	44	39	1 435 82	71
15	880 85	26	63	45	13	53	54
16	60	1 443 97	46	46	872 88	24	37
17	34	68	29	47	62	1 434 95	20
18	08	39	12	48	37	66	03
19	879 82	10	331 95	49	11	37	326 87
20	56	1 442 81	78	50	871 85	08	70
21	30	52	61	51	60	1 433 79	53
22	05	22	44	52	34	50	36
23	878 79	1 441 93	26	53	08	21	19
24	53	64	09	54	870 83	1 432 92	02
25	27	35	330 92	55	57	62	325 85
26	01	06	75	56	32	33	68
27	877 75	1 440 77	58	57	06	04	52
28	50	48	41	58	869 80	1 431 75	35
29	24	19	24	59	55	46	18

TANGENTES, ARCS ET SÉCANTES.

Angle de 98 degrés.

MINUTES.	Longueur de chaque TANGENTE	ARC substitué aux deux Tangentes.	Partie extérieure de la SÉCANTE.	MINUTES.	Longueur de chaque TANGENTE.	ARC substitué aux deux Tangentes.	Partie extérieure de la SÉCANTE.
0	869 29	1 431 17	325 01	30	861 66	1 422 44	320 02
1	03	1 430 88	324 84	31	41	15	319 85
2	868 78	59	68	32	16	1 421 86	69
3	53	30	51	33	860 90	57	53
4	27	01	34	34	65	28	36
5	02	1 429 72	18	35	40	1 420 99	20
6	867 76	43	01	36	14	70	03
7	51	13	323 84	37	859 89	41	318 87
8	25	1 428 84	68	38	64	12	70
9	00	55	51	39	39	1 419 83	54
10	866 75	26	35	40	13	53	38
11	49	1 427 97	18	41	858 88	24	21
12	24	68	01	42	63	1 418 95	05
13	865 98	39	322 85	43	38	66	317 88
14	73	10	68	44	12	37	72
15	47	1 426 81	51	45	857 87	08	55
16	22	52	35	46	62	1 417 79	39
17	864 97	23	18	47	37	50	23
18	71	1 425 93	02	48	11	21	06
19	46	64	321 85	49	856 86	1 416 92	316 90
20	20	35	68	50	61	63	73
21	863 95	06	52	51	35	33	57
22	69	1 424 77	35	52	10	04	40
23	44	48	18	53	855 85	1 415 75	24
24	19	19	02	54	60	46	08
25	862 93	1 423 90	320 85	55	34	17	315 91
26	68	61	69	56	09	1 414 88	75
27	42	32	52	57	854 84	59	58
28	17	03	35	58	59	30	42
29	861 91	1 422 73	19	59	33	01	25

Angle de 99 degrés.

MINUTES.	Longueur de chaque TANGENTE.	ARC substitué aux deux Tangentes.	Partie extérieure de la SÉCANTE.	MINUTES.	Longueur de chaque TANGENTE.	ARC substitué aux deux Tangentes.	Partie extérieure de la SÉCANTE.
0	854 08	1 413 72	315 09	30	846 56	1 404 99	310 22
1	853 83	43	314 93	31	31	70	06
2	58	14	76	32	06	41	309 90
3	33	1 412 84	60	33	845 81	12	74
4	08	55	44	34	57	1 403 83	58
5	852 83	26	28	35	32	54	42
6	58	1 411 97	12	36	07	24	26
7	33	68	313 95	37	844 82	1 402 95	10
8	08	39	79	38	57	66	308 94
9	851 82	10	63	39	32	37	78
10	57	1 410 81	47	40	07	08	62
11	32	52	30	41	843 83	1 401 79	46
12	07	23	14	42	58	50	30
13	850 82	1 409 94	312 98	43	33	21	14
14	57	64	82	44	08	1 400 92	307 97
15	32	35	65	45	842 83	63	81
16	07	06	49	46	58	34	65
17	849 82	1 408 77	33	47	33	05	49
18	57	48	17	48	08	1 399 75	33
19	32	19	01	49	841 84	46	17
20	07	1 407 90	311 84	50	59	17	01
21	848 82	61	68	51	34	1 398 88	306 85
22	57	32	52	52	09	59	69
23	31	03	36	53	840 84	30	53
24	06	1 406 74	19	54	59	01	37
25	847 81	44	03	55	34	1 397 72	21
26	56	15	310 87	56	09	43	05
27	31	1 405 86	71	57	839 85	14	305 89
28	06	57	54	58	60	1 396 85	73
29	846 81	28	38	59	35	55	57

TANGENTES, ARCS ET SÉCANTES.

Angle de 100 degrés.

MINUTES.	Longueur de chaque TANGENTE.	ARC substitué aux deux Tangentes.	Partie extérieure de la SÉCANTE.	MINUTES.	Longueur de chaque TANGENTE.	ARC substitué aux deux Tangentes.	Partie extérieure de la SÉCANTE.
0	839 10	1 396 26	305 41	30	831 69	1 387 54	300 66
1	838 85	1 395 97	25	31	44	25	50
2	61	68	09	32	20	1 386 96	35
3	36	39	304 93	33	830 95	66	19
4	11	10	78	34	71	37	03
5	837 86	1 394 81	62	35	46	08	299 88
6	62	52	46	36	22	1 385 79	72
7	37	23	30	37	829 97	50	56
8	12	1 393 94	14	38	73	21	41
9	836 88	65	303 98	39	48	1 384 92	25
10	63	36	83	40	24	63	10
11	38	06	67	41	828 99	34	298 94
12	14	1 392 77	51	42	75	05	78
13	835 89	48	35	43	50	1 383 76	63
14	64	19	19	44	26	46	47
15	39	1 391 90	03	45	01	17	31
16	15	61	302 88	46	827 77	1 382 88	16
17	834 90	32	72	47	52	59	00
18	65	03	56	48	28	30	297 85
19	41	1 390 74	40	49	03	01	69
20	16	45	24	50	826 79	1 381 72	53
21	833 91	16	08	51	54	43	38
22	67	1 389 86	301 93	52	30	14	22
23	42	57	77	53	05	1 380 85	06
24	17	28	61	54	825 81	56	296 91
25	832 92	1 388 99	45	55	56	26	75
26	68	70	29	56	32	1 379 97	60
27	43	41	13	57	07	68	44
28	18	12	300 98	58	824 83	39	28
29	831 94	1 387 83	82	59	58	10	13

Angle de 101 degrés.

MINUTES.	Longueur de chaque TANGENTÉ.	ARC substitué aux deux Tangentes.	Partie extérieure de la SÉCANTE.	MINUTES.	Longueur de chaque TANGENTE.	ARC substitué aux deux Tangentes.	Partie extérieure de la SÉCANTE.
0	824 34	1 378 81	295 97	30	817 03	1 370 08	291 33
1	10	52	82	31	816 79	1 369 79	18
2	823 85	23	66	32	55	50	02
3	61	1 377 94	51	33	31	21	290 87
4	37	65	35	34	06	1 368 92	72
5	12	36	20	35	815 82	63	57
6	822 88	07	04	36	58	34	42
7	64	1 376 77	294 89	37	34	05	26
8	39	48	73	38	10	1 367 76	11
9	15	19	58	39	814 86	47	289 96
10	821 90	1 375 90	42	40	61	17	81
11	66	61	27	41	37	1 366 88	65
12	42	32	11	42	13	59	50
13	17	03	293 96	43	813 89	30	35
14	820 93	1 374 74	81	44	65	01	20
15	69	45	65	45	41	1 365 72	04
16	44	16	50	46	16	43	288 89
17	20	1 373 87	34	47	812 92	14	74
18	819 95	57	19	48	68	1 364 85	59
19	71	28	03	49	44	56	44
20	47	1 372 99	292 88	50	20	27	28
21	22	70	72	51	811 96	1 363 97	13
22	818 98	41	57	52	71	68	287 98
23	74	12	41	53	47	39	83
24	49	1 371 83	26	54	23	10	67
25	25	54	10	55	810 99	1 362 81	52
26	00	25	291 95	56	75	52	37
27	817 76	1 370 96	79	57	51	23	22
28	52	67	64	58	26	1 361 94	06
29	27	37	48	59	02	65	286 91

TANGENTES, ARCS ET SÉCANTES.

Angle de 102 degrés.

MINUTES.	Longueur de chaque TANGENTE.	ARC substitué aux deux Tangentes.	Partie extérieure de la SÉCANTE.	MINUTES.	Longueur de chaque TANGENTE.	ARC substitué aux deux Tangentes.	Partie extérieure de la SÉCANTE.
0	809 78	1 361 36	286 76	30	802 58	1 352 63	282 24
1	54	07	61	31	34	34	09
2	30	1 360 78	46	32	10	05	281 94
3	06	48	31	33	801 87	1 351 76	79
4	808 82	19	16	34	63	47	65
5	58	1 359 90	01	35	39	18	50
6	34	61	285 86	36	15	1 350 89	35
7	10	32	71	37	800 91	59	20
8	807 86	03	56	38	68	30	05
9	62	1 358 74	40	39	44	01	280 90
10	38	45	25	40	20	1 349 72	75
11	14	16	10	41	799 96	43	61
12	806 90	1 357 87	284 95	42	72	14	46
13	66	58	80	43	49	1 348 85	31
14	42	28	65	44	25	56	16
15	18	1 356 99	50	45	01	27	01
16	805 94	70	35	46	798 77	1 347 98	279 86
17	70	41	20	47	53	69	71
18	46	12	05	48	30	39	56
19	22	1 355 83	283 90	49	06	10	42
20	804 98	54	75	50	797 82	1 346 81	27
21	74	25	60	51	58	52	12
22	50	1 354 96	45	52	34	23	278 97
23	26	67	29	53	11	1 345 65	82
24	02	38	14	54	796 87	36	67
25	803 78	08	282 99	55	63	07	52
26	54	1 353 79	84	56	39	1 344 78	37
27	30	50	69	57	15	49	23
28	06	21	54	58	795 68	19	08
29	802 82	1 352 92	39	59	44	1 343 90	277 93

Angle de 103 degrés.

MINUTES.	Longueur de chaque TANGENTE.	ARC substitué aux deux Tangentes.	Partie extérieure de la SÉCANTE.	MINUTES.	Longueur de chaque TANGENTE.	ARC substitué aux deux Tangentes.	Partie extérieure de la SÉCANTE.
0	795 44	1 343 90	277 78	30	788 34	1 335 18	273 37
1	20	61	63	31	10	1 334 89	22
2	794 97	32	49	32	787 87	60	08
3	73	03	34	33	63	30	272 93
4	49	1 342 74	19	34	40	01	79
5	26	45	04	35	16	1 333 72	64
6	02	16	276 90	36	786 93	43	50
7	793 78	1 341 87	75	37	69	14	35
8	55	58	60	38	46	1 332 85	21
9	31	29	46	39	22	56	06
10	07	00	31	40	785 99	27	271 92
11	792 84	1 340 70	16	41	75	1 331 98	77
12	60	41	02	42	52	69	63
13	36	12	275 87	43	28	40	48
14	13	1 339 83	72	44	05	10	34
15	791 89	54	57	45	784 81	1 330 81	19
16	65	25	43	46	58	52	05
17	42	1 338 96	28	47	34	23	270 90
18	18	67	13	48	11	1 329 94	76
19	790 94	38	274 99	49	783 87	65	61
20	71	09	84	50	64	36	47
21	47	1 337 80	69	51	40	07	32
22	23	50	55	52	17	1 328 78	18
23	00	21	40	53	782 93	49	03
24	789 76	1 336 92	25	54	70	20	269 89
25	52	63	10	55	46	1 327 90	74
26	29	34	273 96	56	23	61	60
27	03	05	81	57	781 99	32	45
28	788 81	1 335 76	66	58	76	03	31
29	58	47	52	59	52	1 326 74	16

Angle de 104 degrés.

MINUTES.	Longueur de chaque TANGENTE.	ARC substitué aux deux Tangentes.	Partie extérieure de la SÉCANTE.	MINUTES.	Longueur de chaque TANGENTE.	ARC substitué aux deux tangente.	Partie extérieure de la SÉCANTE.
0	781 29	1 326 45	269 02	30	774 28	1 317 72	264 72
1	06	16	268 88	31	05	43	58
2	780 82	1 325 87	73	32	773 82	14	44
3	59	58	59	33	59	1 316 85	30
4	36	29	45	34	35	56	15
5	12	00	30	35	12	27	01
6	779 89	1 324 71	16	36	772 89	1 315 98	263 87
7	66	41	02	37	66	69	73
8	42	12	267 87	38	43	40	59
9	19	1 323 83	73	39	20	11	45
10	778 95	54	59	40	771 96	1 314 81	30
11	72	25	44	41	73	52	16
12	49	1 322 96	30	42	50	23	02
13	25	67	16	43	27	1 313 94	262 88
14	02	38	01	44	04	65	74
15	777 79	09	266 87	45	770 81	36	60
16	55	1 321 80	73	46	57	07	45
17	32	51	58	47	34	1 312 78	31
18	08	21	44	48	11	49	17
19	776 85	1 320 92	30	49	769 88	20	03
20	62	63	15	50	65	1 311 91	261 89
21	38	34	01	51	42	61	75
22	15	03	265 87	52	18	32	60
23	775 92	1 319 76	72	53	768 95	03	46
24	68	47	58	54	72	1 310 74	32
25	45	18	44	55	49	45	18
26	21	1 318 89	29	56	26	16	04
27	774 98	60	15	57	03	1 309 87	260 90
28	75	31	01	58	767 79	58	75
29	51	01	264 86	59	56	29	61

Angle de 105 degrés.

MINUTES.	Longueur de chaque TANGENTE.	ARC substitué aux deux Tangentes.	Partie extérieure de la SÉCANTE.	MINUTES.	Longueur de chaque TANGENTE	ARC substitué aux deux Tangentes.	Partie extérieure de la SÉCANTE.
0	767 33	1 309 00	260 47	30	760 42	1 300 27	256 28
1	10	1 308 71	33	31	19	1 299 98	14
2	766 87	42	19	32	759 96	69	00
3	64	12	05	33	73	40	255 87
4	41	1 307 83	259 91	34	50	11	73
5	18	54	77	35	27	1 298 82	59
6	765 95	25	63	36	05	53	45
7	72	1 306 96	49	37	758 82	23	31
8	49	67	35	38	59	1 297 94	18
9	26	38	21	39	36	65	04
10	03	09	07	40	13	36	254 90
11	764 80	1 305 80	258 93	41	757 90	07	76
12	57	51	79	42	67	1 296 78	62
13	34	22	65	43	44	49	49
14	10	1 304 92	52	44	21	20	35
15	763 87	63	38	45	756 98	1 295 91	21
16	64	34	24	46	76	62	07
17	41	05	10	47	53	33	253 93
18	18	1 303 76	257 96	48	30	03	80
19	762 95	47	82	49	07	1 294 74	66
20	72	18	68	50	755 84	45	52
21	49	1 302 89	54	51	61	16	38
22	26	60	40	52	38	1 293 87	24
23	03	31	26	53	15	58	11
24	761 80	02	12	54	754 92	29	252 97
25	57	1 301 73	256 98	55	69	00	83
26	34	43	84	56	47	1 292 71	69
27	11	14	70	57	24	42	55
28	760 88	1 300 85	56	58	01	13	42
29	65	56	42	59	753 78	1 291 83	28

TANGENTES, ARCS ET SÉCANTES.

Angle de 106 degrés.

MINUTES.	Longueur de chaque TANGENTE		ARC substitué aux deux Tangentes.		Partie extérieure de la SÉCANTE.		MINUTES.	Longueur de chaque. TANGENTE.		ARC substitué aux deux Tangentes.		Partie extérieure de la SÉCANTE.	
0	753	55	1 291	54	252	14	30	746	74	1 282	82	248	04
1		32		25		00	31		51		53	247	91
2		10	1 290	96	251	87	32		29		24		77
3	752	87		67		73	33		06	1 281	94		64
4		64		38		59	34	745	84		65		50
5		41		09		46	35		61		36		37
6		19	1 289	80		32	36		38		07		23
7	751	96		51		18	37		16	1 280	78		10
8		73		22		05	38	744	93		49	246	96
9		51	1 288	93	250	91	39		71		20		83
10		28		64		77	40		48	1 279	91		69
11		05		34		64	41		25		62		56
12	750	83		05		50	42		03		33		42
13		60	1 287	76		36	43	743	80		04		29
14		37		47		23	44		58	1 278	74		16
15		14		18		09	45		35		45		02
16	749	92	1 286	89	249	95	46		12		16	245	80
17		69		60		82	47	742	90	1 277	87		75
18		46		31		68	48		67		58		62
19		24		02		54	49		45		29		48
20		01	1 285	73		41	50		22		00		35
21	748	78		44		27	51	741	99	1 276	71		21
22		56		14		13	52		77		42		08
23		33	1 284	85		00	53		54		13	244	94
24		10		56	248	86	54		32	1 275	84		81
25	747	87		27		72	55		09		54		67
26		65	1 283	98		59	56	740	86		25		54
27		42		69		45	57		64	1 274	96		40
28		19		40		31	58		41		67		27
29	746	97		11		18	59		19		38		13

Angle de 107 degrés.

MINUTES.	Longueur de chaque TANGENTE.	ARC substitué aux deux Tangentes.	Partie extérieure de la SÉCANTE.	MINUTES.	Longueur de chaque TANGENTE.	ARC substitué aux deux Tangentes.	Partie extérieure de la SÉCANTE.
0	739 96	1 274 09	244 00	30	733 23	1 265 36	240 01
1	73	1 273 80	243 87	31	01	07	239 88
2	51	51	73	32	732 78	1 264 78	75
3	29	22	60	33	56	49	62
4	06	1 272 93	47	34	34	20	48
5	738 84	64	33	35	11	1 263 91	35
6	61	35	20	36	731 89	62	22
7	39	05	07	37	67	33	09
8	16	1 271 76	242 94	38	45	04	238 96
9	737 94	47	80	39	22	1 262 75	83
10	72	18	67	40	00	46	70
11	49	1 270 89	54	41	730 78	16	56
12	27	60	40	42	55	1 261 87	43
13	04	31	27	43	33	58	30
14	736 82	02	14	44	11	29	17
15	59	1 269 73	00	45	729 88	00	04
16	37	44	241 87	46	66	1 260 71	237 91
17	15	15	74	47	44	42	78
18	735 92	1 268 85	61	48	22	13	65
19	70	56	47	49	728 99	1 259 84	51
20	47	27	34	50	77	55	38
21	25	1 267 98	21	51	55	26	25
22	02	69	07	52	32	1 258 96	12
23	734 80	40	240 94	53	10	67	236 99
24	58	11	81	54	727 88	38	86
25	35	1 266 82	67	55	65	09	73
26	13	53	54	56	43	1 257 80	60
27	733 90	24	41	57	21	51	46
28	68	1 265 95	28	58	726 99	22	33
29	43	65	14	59	76	1 256 93	20

TANGENTES, ARCS ET SÉCANTES.

Angle de 108 degrés.

MINUTES.	Longueur de chaque TANGENTE.	ARC substitué aux deux Tangentes.	Partie extérieure de la SÉCANTE.	MINUTES.	Longueur de chaque TANGENTE.	ARC substitué aux deux Tangentes.	Partie extérieure de la SÉCANTE.
0	726 54	1 256 64	236 07	30	719 90	1 247 91	232 17
1	32	35	235 94	31	68	62	04
2	10	06	81	32	46	33	231 91
3	725 88	1 255 77	68	33	24	04	79
4	65	47	55	34	02	1 246 75	66
5	43	18	42	35	718 80	46	53
6	21	1 254 89	29	36	58	17	40
7	724 99	60	16	37	36	1 245 87	27
8	77	31	03	38	14	58	15
9	55	02	234 90	39	717 92	29	02
10	33	1 253 73	77	40	70	00	230 89
11	10	44	64	41	48	1 244 71	76
12	723 88	15	51	42	26	42	63
13	66	1 252 86	38	43	04	13	51
14	44	57	25	44	716 81	1 243 84	38
15	22	27	12	45	59	55	25
16	00	1 251 98	233 99	46	37	26	12
17	722 78	69	86	47	15	1 242 97	229 99
18	56	40	73	48	715 93	67	87
19	33	11	60	49	71	38	74
20	11	1 250 82	47	50	49	09	61
21	721 89	53	34	51	27	1 241 80	48
22	67	24	21	52	05	51	35
23	45	1 249 95	08	53	714 83	22	23
24	23	66	232 95	54	61	1 240 93	10
25	01	37	82	55	39	64	228 97
26	720 79	07	69	56	17	35	84
27	56	1 248 78	56	57	713 95	06	71
28	34	49	43	58	73	1 239 77	59
29	12	20	30	59	51	47	46

Angle de 109 degrés.

MINUTES.	Longueur de chaque TANGENTE.		ARC substitué aux deux Tangentes.			Partie extérieure de la SÉCANTE.		MINUTES.	Longueur de chaque TANGENTE.		ARC substitué aux deux Tangentes.			Partie extérieure de la SÉCANTE.	
0	713	29	1	239	18	228	33	30	706	73	1	230	46	224	53
1		07	1	238	89		20	31		51			17		40
2	712	85			60		08	32		29	1	229	88		28
3		63			31	227	95	33		08			58		15
4		42			02		82	34	705	86			29		03
5		20	1	237	73		70	35		64			00	223	90
6	711	98			44		57	36		43	1	228	71		78
7		76			15		44	37		21			42		65
8		54	1	236	86		32	38	704	99			13		63
9		32			57		19	39		77	1	227	84		40
10		10			28		06	40		56			55		28
11	710	89	1	235	98	226	94	41		34			26		15
12		67			69		81	42		12	1	226	97		03
13		45			40		68	43	703	90			68	222	90
14		23			11		56	44		69			38		77
15		01	1	234	82		43	45		47			09		65
16	709	79			53		30	46		25	1	225	80		52
17		57			24		18	47		03			51		40
18		35	1	233	95		05	48	702	82			22		27
19		14			66	225	92	49		60	1	224	93		15
20	708	92			37		80	50		38			64		02
21		70			08		67	51		17			35	221	90
22		48	1	232	78		54	52	701	95			06		77
23		26			49		42	53		53	1	223	77		65
24		04			20		29	54		51			48		52
25	707	82	1	231	91		16	55		30			18		40
26		60			62		04	56		08	1	222	89		27
27		39			33	224	91	57	700	86			60		15
28		17			04		78	58		64			31		02
29	706	95	1	230	75		66	59		43			02	220	90

TANGENTES, ARCS ET SÉCANTES.

Angle de 110 degrés.

MINUTES.	Longueur de chaque TANGENTE.	ARC substitué aux deux Tangentes.	Partie extérieure de la SÉCANTE.	MINUTES.	Longueur de chaque TANGENTE.	ARC substitué aux deux Tangentes.	Partie extérieure de la SÉCANTE.
0	700 21	1 221 73	220 77	30	693 71	1 213 00	217 07
1	699 99	44	65	31	49	1 212 71	216 95
2	78	15	52	32	28	42	83
3	56	1 220 86	40	33	07	13	70
4	34	57	28	34	692 85	1 211 84	58
5	13	28	15	35	64	55	46
6	698 91	1 219 99	03	36	42	26	34
7	69	69	219 91	37	21	1 210 97	22
8	48	40	78	38	691 99	68	09
9	26	11	66	39	78	39	215 97
10	04	1 218 82	54	40	57	10	85
11	697 83	53	41	41	35	1 209 80	73
12	61	24	29	42	14	51	61
13	39	1 217 95	17	43	690 92	22	48
14	18	66	04	44	71	1 208 93	36
15	696 96	37	218 92	45	49	64	24
16	74	08	80	46	28	35	12
17	53	1 216 79	67	47	07	06	00
18	31	49	55	48	689 85	1 207 77	214 87
19	09	20	43	49	64	48	75
20	695 88	1 215 91	30	50	42	18	63
21	66	62	18	51	21	1 206 90	51
22	44	33	06	52	688 99	60	39
23	23	04	217 93	53	78	31	26
24	01	1 214 75	81	54	57	02	14
25	694 79	46	69	55	35	1 205 73	02
26	58	17	56	56	14	44	213 90
27	36	1 213 88	44	57	687 92	15	78
28	14	59	32	58	71	1 204 86	65
29	693 93	30	19	59	49	57	53

Angle de 111 degrés.

MINUTES.	Longueur de chaque TANGENTE.	ARC substitué aux deux Tangentes.	Partie extérieure de la SÉCANTE.	MINUTES.	Longueur de chaque TANGENTE.	ARC substitué aux deux Tangentes.	Partie extérieure de la SÉCANTE.
0	687 28	1 204 28	213 41	30	680 88	1 195 55	209 79
1	07	1 203 99	29	31	67	26	67
2	686 85	70	17	32	45	1 194 97	55
3	64	40	05	33	24	68	43
4	43	11	212 93	34	03	39	31
5	24	1 202 82	81	35	679 82	10	20
6	00	53	69	36	61	1 193 80	08
7	685 79	24	57	37	39	51	208 96
8	57	1 201 95	45	38	18	22	84
9	36	66	32	39	678 97	1 192 93	72
10	15	37	20	40	76	64	60
11	684 93	08	08	41	54	35	48
12	72	1 200 79	211 96	42	33	06	36
13	51	50	84	43	12	1 191 77	24
14	29	20	72	44	677 91	48	12
15	08	1 199 91	60	45	69	19	01
16	683 87	62	48	46	48	1 190 90	207 89
17	65	33	36	47	27	60	77
18	44	04	24	48	06	31	65
19	23	1 198 75	12	49	676 85	02	53
20	01	46	00	50	63	1 189 73	41
21	682 80	17	210 88	51	42	44	29
22	59	1 197 88	76	52	21	15	17
23	37	59	63	53	00	1 188 86	05
24	16	30	51	54	675 78	57	206 93
25	681 95	00	39	55	57	18	81
26	73	1 196 71	27	56	36	1 187 99	70
27	52	42	15	57	15	70	58
28	31	13	03	58	674 93	41	46
29	09	1 195 84	209 91	59	72	11	34

6.

Angle de 112 degrés.

MINUTES.	Longueur de chaque TANGENTE.	ARC substitué aux deux Tangentes.	Partie extérieure de la SÉCANTE.	MINUTES.	Longueur de chaque TANGENTE.	ARC substitué aux deux tangente.	Partie extérieure de la SÉCANTE.
0	674 51	1 186 82	206 22	30	668 18	1 178 40	202 69
1	30	53	10	31	667 97	1 177 81	57
2	09	24	205 99	32	76	52	46
3	673 88	1 185 95	87	33	55	22	34
4	67	66	75	34	34	1 176 93	22
5	45	37	63	35	13	64	11
6	24	08	51	36	666 92	35	201 99
7	03	1 184 79	40	37	71	06	87
8	672 82	50	28	38	50	1 175 77	76
9	61	21	16	39	29	48	64
10	40	1 183 92	04	40	08	19	53
11	19	62	204 93	41	665 87	1 174 90	41
12	671 98	33	81	42	66	61	29
13	77	04	69	43	45	32	18
14	56	1 182 75	57	44	25	02	06
15	34	46	46	45	04	1 173 73	200 94
16	13	17	34	46	664 83	44	83
17	670 92	1 181 88	22	47	62	15	71
18	71	59	10	48	41	1 172 86	60
19	50	30	203 98	49	20	57	48
20	29	01	87	50	663 99	28	36
21	08	1 180 72	75	51	78	1 171 99	25
22	669 87	42	63	52	57	70	13
23	66	13	51	53	36	41	01
24	45	1 179 84	40	54	15	12	199 90
25	23	55	28	55	662 94	1 170 83	78
26	02	26	16	56	73	53	67
27	668 81	1 178 97	04	57	52	24	55
28	60	68	202 93	58	31	1 169 95	43
29	39	39	61	59	10	66	32

Angle de 113 degrés.

MINUTES.	Longueur de chaque TANGENTE.		ARC substitué aux deux Tangentes.		Partie extérieure de la SÉCANTE.		MINUTES.	Longueur de chaque TANGENTE.		ARC substitué aux deux Tangentes.		Partie extérieure de la SÉCANTE.	
0	661	89	1 169	37	199	20	30	655	63	1 160	64	195	76
1		68		08		09	31		42		35		65
2		47	1 168	79	198	97	32		21		06		53
3		26		50		86	33		01	1 159	77		42
4		06		21		74	34	654	80		48		31
5	660	85	1 167	92		63	35		59		19		19
6		64		63		51	36		39	1 158	90		08
7		43		34		40	37		18		61	194	97
8		22		04		28	38	653	97		32		85
9		01	1 166	75		17	39		76		03		74
10	659	80		46		05	40		56	1 157	74		63
11		60		17	197	94	41		35		44		51
12		39	1 165	88		82	42		14		15		40
13		18		59		71	43	652	93	1 156	86		29
14	658	97		30		60	44		73		57		17
15		76		01		48	45		52		28		06
16		55	1 164	72		37	46		31	1 155	99	193	95
17		34		43		25	47		10		70		83
18		13		14		14	48	651	90		41		72
19	657	93	1 163	84		02	49		69		12		61
20		72		55	196	91	50		48	1 154	83		49
21		51		26		79	51		28		54		38
22		30	1 162	97		68	52		07		24		27
23		09		68		56	53	650	86	1 153	95		15
24	656	88		39		45	54		65		66		04
25		67		10		33	55		45		37	192	93
26		46	1 161	81		22	56		24		08		81
27		26		52		10	57		03	1 152	79		70
28		05		23	195	99	58	649	82		50		59
29	655	84	1 160	94		87	59		62		21		47

TANGENTES, ARCS ET SÉCANTES.

Angle de 114 degrés.

MINUTES.	Longueur de chaque TANGENTE.	ARC substitué aux deux Tangentes.	Partie extérieure de la SÉCANTE.	MINUTES.	Longueur de chaque TANGENTE	ARC substitué aux deux Tangentes.	Partie extérieure de la SÉCANTE.
0	649 41	1 151 92	192 36	30	643 22	1 143 19	189 01
1	20	63	35	31	01	1 142 90	188 90
2	00	34	14	32	642 81	61	79
3	648 79	05	03	33	60	32	68
4	58	1 150 75	191 91	34	40	03	57
5	38	46	80	35	19	1 141 74	46
6	17	17	69	36	641 99	45	35
7	647 96	1 149 88	58	37	78	15	24
8	76	59	47	38	58	1 140 86	13
9	55	30	36	39	37	57	01
10	35	01	24	40	17	28	187 90
11	14	1 148 72	13	41	640 96	1 139 99	79
12	646 93	43	02	42	76	70	68
13	73	14	190 91	43	55	41	57
14	52	1 147 85	80	44	35	12	46
15	31	55	69	45	14	1 138 83	35
16	11	26	57	46	639 94	54	24
17	645 90	1 146 97	46	47	73	25	13
18	70	68	35	48	53	1 137 95	02
19	49	39	24	49	32	66	186 91
20	28	10	13	50	12	37	80
21	08	1 145 81	02	51	638 91	08	69
22	644 87	52	189 90	52	71	1 136 79	58
23	66	23	79	53	50	50	46
24	46	1 144 94	68	54	30	21	35
25	25	65	57	55	09	1 135 92	24
26	05	35	46	56	637 89	63	13
27	643 84	06	35	57	68	34	02
28	63	1 143 77	23	58	48	05	185 91
29	43	48	12	59	27	1 134 75	80

Angle de 115 degrés.

MINUTES.	Longueur de chaque TANGENTE.	ARC substitué aux deux Tangentes.	Partie extérieure de la SÉCANTE.	MINUTES.	Longueur de chaque TANGENTE.	ARC substitué aux deux Tangentes.	Partie extérieure de la SÉCANTE.
0	637 07	1 134 46	185 69	30	630 95	1 125 74	182 41
1	636 87	17	58	31	75	45	30
2	66	1 133 88	47	32	55	16	20
3	46	59	36	33	34	1 124 86	09
4	25	30	25	34	14	57	181 98
5	05	01	14	35	629 94	28	87
6	635 85	1 132 72	03	36	73	1 123 99	76
7	64	43	184 92	37	53	70	66
8	44	14	81	38	33	41	55
9	23	1 131 85	71	39	13	12	44
10	03	56	60	40	628 92	1 122 83	33
11	634 83	26	49	41	72	54	23
12	62	1 130 97	38	42	52	25	12
13	42	68	27	43	32	1 121 96	01
14	21	39	16	44	11	67	180 90
15	01	10	05	45	627 91	37	80
16	633 81	1 129 81	183 94	46	71	08	69
17	60	52	83	47	51	1 120 79	58
18	40	23	72	48	30	50	47
19	19	1 128 94	61	49	10	21	36
20	632 99	65	50	50	626 90	1 119 92	26
21	79	36	39	51	69	63	15
22	58	06	28	52	49	34	04
23	38	1 127 77	18	53	29	05	179 93
24	17	48	07	54	09	1 118 76	83
25	631 97	19	182 96	55	625 88	47	72
26	77	1 126 90	85	56	68	17	61
27	56	61	74	57	48	1 117 88	50
28	36	32	63	58	28	59	40
29	15	03	52	59	07	30	29

TANGENTES, ARCS ET SÉCANTES.

Angle de 116 degrés.

MINUTES.	Longueur de chaque TANGENTE	Arc substitué aux deux Tangentes.	Partie extérieure de la SÉCANTE.	MINUTES.	Longueur de chaque TANGENTE.	Arc substitué aux deux Tangentes.	Partie extérieure de la SÉCANTE.
0	624 87	1 117 01	179 18	30	618 82	1 108 28	175 98
1	67	1 116 72	07	31	62	1 107 99	87
2	47	43	178 97	32	42	70	77
3	27	14	86	33	22	41	66
4	06	1 115 85	75	34	02	12	56
5	623 86	56	65	35	617 82	1 106 83	45
6	66	27	54	36	62	54	35
7	46	1 114 98	43	37	42	25	24
8	26	68	33	38	22	1 105 96	14
9	06	39	22	39	01	67	03
10	622 85	10	11	40	616 81	38	174 93
11	65	1 113 81	01	41	61	08	82
12	45	52	177 90	42	41	1 104 79	72
13	25	23	79	43	21	50	61
14	05	1 112 94	69	44	01	21	51
15	621 85	65	58	45	615 81	1 103 92	40
16	64	36	47	46	61	63	30
17	44	07	37	47	41	34	19
18	24	1 111 78	26	48	20	05	09
19	04	48	15	49	01	1 102 76	173 98
20	620 84	19	05	50	614 81	47	88
21	64	1 110 90	176 94	51	61	18	77
22	43	61	83	52	41	1 101 88	67
23	23	32	73	53	20	59	56
24	03	03	62	54	00	30	46
25	619 83	1 109 74	51	55	613 80	01	35
26	63	45	41	56	60	1 100 72	25
27	43	16	30	57	40	43	14
28	22	1 108 87	19	58	20	14	04
29	02	58	09	59	00	1 099 85	172 93

Angle de 117 degrés.

MINUTES.	Longueur de chaque TANGENTE.	ARC substitué aux deux Tangentes.	Partie extérieure de la SÉCANTE.	MINUTES.	Longueur de chaque TANGENTE.	ARC substitué aux deux Tangentes.	Partie extérieure de la SÉCANTE.
0	612 80	1 099 56	172 83	30	606 81	1 090 83	169 71
1	60	27	73	31	61	54	61
2	40	1 098 98	62	32	41	25	51
3	20	69	52	33	21	1 089 96	40
4	00	39	41	34	02	67	30
5	611 80	10	31	35	605 82	38	20
6	60	1 097 81	21	36	62	09	09
7	40	52	10	37	42	1 088 79	168 99
8	20	23	00	38	22	50	89
9	00	1 096 94	171 89	39	02	21	79
10	610 80	65	79	40	604 83	1 087 92	68
11	60	36	69	41	63	63	58
12	40	07	58	42	43	34	48
13	20	1 095 78	48	43	23	05	38
14	01	49	37	44	03	1 086 76	27
15	609 81	19	27	45	603 83	47	17
16	61	1 094 90	17	46	64	18	07
17	41	61	06	47	44	1 085 89	167 97
18	21	32	170 96	48	24	59	86
19	01	03	85	49	04	30	76
20	608 81	1 093 74	75	50	602 84	01	66
21	61	45	65	51	64	1 084 72	55
22	41	16	54	52	45	43	45
23	21	1 092 87	44	53	25	14	35
24	01	58	33	54	05	1 083 85	25
25	607 81	29	23	55	601 85	56	14
26	61	1 091 99	13	56	65	27	04
27	41	70	02	57	45	1 082 98	166 94
28	21	41	169 92	58	26	69	84
29	01	12	81	59	06	39	73

TANGENTES, ARCS ET SÉCANTES.

Angle de 118 degrés.

MINUTES.	Longueur de chaque TANGENTE.	ARC substitué aux deux Tangentes.	Partie extérieure de la SÉCANTE.	MINUTES.	Longueur de chaque TANGENTE.	ARC substitué aux deux Tangentes.	Partie extérieure de la SÉCANTE.
0	600 86	1 082 10	166 63	30	594 94	1 073 38	163 59
1	46	1 081 84	53	31	74	09	49
2	27	52	43	32	55	1 072 80	39
3	27	23	33	33	35	51	29
4	07	1 080 94	22	34	15	21	19
5	599 87	65	12	35	593 96	1 071 92	09
6	68	36	02	36	76	63	162 99
7	48	07	165 92	37	56	34	89
8	28	1 079 78	82	38	37	05	79
9	08	49	72	39	17	1 070 76	68
10	598 89	20	62	40	592 97	47	58
11	69	1 078 90	51	41	78	18	48
12	49	61	41	42	58	1 069 89	38
13	29	32	31	43	37	60	28
14	10	03	21	44	19	31	18
15	597 90	1 077 74	11	45	591 99	01	08
16	70	45	01	46	79	1 068 72	161 98
17	50	16	164 91	47	60	43	88
18	31	1 076 87	81	48	40	14	78
19	11	58	70	49	20	1 067 85	68
20	596 91	29	60	50	01	56	58
21	72	00	50	51	590 81	27	48
22	52	1 075 70	40	52	61	1 066 98	38
23	32	41	30	53	42	67	27
24	12	12	20	54	22	40	17
25	595 93	1 074 83	10	55	02	11	07
26	73	54	00	56	589 83	1 065 81	160 97
27	53	25	163 89	57	63	52	87
28	33	1 073 93	79	58	43	23	77
29	14	67	69	59	24	1 064 94	67

Angle de 119 degrés.

MINUTES.	Longueur de chaque TANGENTE.	ARC substitué aux deux Tangentes.	Partie extérieure de la SÉCANTE.	MINUTES.	Longueur de chaque TANGENTE.	ARC substitué aux deux Tangentes.	Partie extérieure de la SÉCANTE.
0	589 04	1 064 65	160 57	30	583 18	1 055 92	157 63
1	588 84	36	47	31	582 98	63	53
2	65	07	37	32	79	34	44
3	45	1 063 78	28	33	60	05	34
4	26	49	18	34	40	1 054 76	24
5	06	20	08	35	21	47	14
6	587 87	1 062 91	159 98	36	01	18	04
7	67	62	88	37	581 82	1 053 89	156 95
8	48	32	79	38	62	60	85
9	28	03	69	39	43	31	75
10	09	1 061 74	59	40	24	02	65
11	586 89	45	49	41	04	1 052 72	56
12	70	16	39	42	580 85	43	46
13	50	1 060 87	30	43	65	14	36
14	30	58	20	44	46	1 051 85	26
15	11	29	10	45	26	56	17
16	585 91	00	00	46	07	27	07
17	72	1 059 71	158 90	47	579 88	1 050 98	155 97
18	52	42	81	48	68	69	87
19	33	12	71	49	49	40	77
20	13	1 058 83	61	50	29	11	68
21	584 94	54	51	51	10	1 049 82	58
22	74	25	41	52	578 90	52	48
23	55	1 057 96	32	53	71	23	38
24	35	67	22	54	52	1 048 94	29
25	16	38	12	55	32	65	19
26	583 96	09	02	56	13	36	09
27	77	1 056 80	157 92	57	577 93	07	154 99
28	57	51	83	58	74	1 047 78	90
29	38	22	73	59	54	49	80

Angle de 120 degrés.

MINUTES.	Longueur de chaque TANGENTE.		ARC substitué aux deux Tangentes.		Partie extérieure de la SÉCANTE.		MINUTES.	Longueur de chaque TANGENTE.		ARC substitué aux deux tangente.		Partie extérieure de la SÉCANTE.	
0	577	35	1 047	20	154	70	30	571	55	1 038	47	151	81
1		16	1 046	91		60	31		36		18		71
2	576	96		62		51	32		17	1 037	89		62
3		77		33		41	33	570	97		60		52
4		58		03		22	34		78		31		43
5		38	1 045	74		12	35		59		02		33
6		19		45		02	36		39	1 036	73		24
7		00		16	153	93	37		20		43		14
8	575	80	1 044	87		83	38		01		14		05
9		61		58		74	39	569	82	1 035	85	150	95
10		42		29		64	40		62		56		86
11		22		00		54	41		43		27		76
12		03	1 043	71		45	42		24	1 034	98		67
13	574	84		42		35	43		05		69		57
14		64		13		25	44	568	85		40		48
15		45	1 042	83		16	45		66		11		38
16		26		54		06	46		47	1 033	82		29
17		06		25	152	97	47		28		53		19
18	573	87	1 041	96		87	48		08		24		10
19		68		67		77	49	567	89	1 032	94		00
20		48		38		68	50		70		65	149	91
21		29		09		58	51		50		36		81
22		10	1 040	80		48	52		31		07		72
23	572	90		51		39	53		12	1 031	78		62
24		71		22		29	54	566	93		49		53
25		52	1 039	93		20	55		73		20		43
26		32		63		10	56		54	1 030	91		34
27		13		34		00	57		35		62		24
28	571	94		05	151	91	58		16		33		15
29		74	1 038	76		81	59	565	96		04		05

Angle de 121 degrés.

MINUTES.	Longueur de chaque TANGENTE.	ARC substitué aux deux Tangentes.	Partie extérieure de la SÉCANTE.	MINUTES.	Longueur de chaque TANGENTE.	ARC substitué aux deux Tangentes.	Partie extérieure de la SÉCANTE.
0	565 77	1 029 74	148 96	30	560 03	1 021 02	146 14
1	58	45	87	31	559 84	1 020 73	05
2	39	16	77	32	65	44	145 95
3	20	1 028 87	68	33	46	15	86
4	00	58	58	34	27	1 019 85	77
5	564 81	29	49	35	08	56	67
6	62	00	40	36	558 89	27	58
7	43	1 027 71	30	37	70	1 018 98	49
8	24	42	21	38	51	69	40
9	05	13	11	39	31	40	30
10	563 86	1 026 84	02	40	12	11	21
11	66	55	147 93	41	557 93	1 017 82	12
12	47	25	83	42	74	53	02
13	28	1 025 96	74	43	55	24	144 93
14	09	67	64	44	36	1 016 95	84
15	562 90	38	55	45	17	65	74
16	71	09	46	46	556 98	36	65
17	52	1 024 80	36	47	79	07	56
18	33	51	27	48	60	1 015 78	47
19	13	22	17	49	41	49	37
20	561 94	1 023 93	08	50	22	20	28
21	75	64	146 99	51	03	1 014 91	19
22	56	35	89	52	555 84	62	09
23	37	05	80	53	64	33	00
24	18	1 022 76	70	54	45	04	143 91
25	560 99	47	61	55	26	1 013 75	81
26	80	18	52	56	07	45	72
27	60	1 021 89	42	57	554 88	16	63
28	41	60	33	58	69	1 012 87	54
29	22	31	23	59	50	58	44

TANGENTES, ARCS ET SÉCANTES.

Angle de 122 degrés.

MINUTES.	Longueur de chaque TANGENTE.		ARC substitué aux deux Tangentes.		Partie extérieure de la SÉCANTE.		MINUTES.	Longueur de chaque TANGENTE		ARC substitué aux deux Tangentes.		Partie extérieure de la SÉCANTE.	
0	554	31	1 012	29	143	35	30	548	62	1 003	56	140	61
1		12		00		26	31		43		27		52
2	553	93	1 011	71		17	32		24	1 002	98		43
3		74		42		08	33		05		69		34
4		55		13	142	98	34	547	87		40		25
5		36	1 010	84		89	35		68		11		16
6		17		55		80	36		49	1 001	82		07
7	552	98		26		71	37		30		53	139	98
8		79	1 009	96		62	38		11		24		89
9		60		67		53	39	546	92	1 000	95		79
10		41		38		44	40		73		66		70
11		22		09		34	41		55		36		61
12		03	1 008	80		25	42		36		07		52
13	551	84		51		16	43		17	999	78		43
14		66		22		07	44	545	98		49		34
15		47	1 007	93	141	98	45		79		20		25
16		28		64		89	46		60	998	91		16
17		09		35		80	47		41		62		07
18	550	90		06		71	48		22		33	138	98
19		71	1 006	76		61	49		04		04		89
20		52		47		52	50	544	85	997	75		80
21		33		18		43	51		66		46		71
22		14	1 005	89		34	52		47		16		62
23	549	95		60		25	53		28	996	87		52
24		76		31		16	54		09		58		43
25		57		02		07	55	543	90		29		34
26		38	1 004	73	140	98	56		71		00		25
27		19		44		88	57		53	995	71		16
28		00		15		79	58		34		42		07
29	548	81	1 003	86		70	59		15		13	137	98

Angle de 123 degrés.

MINUTES.	Longueur de chaque TANGENTE.	ARC substitué aux deux Tangentes.	Partie extérieure de la SÉCANTE.	MINUTES.	Longueur de chaque TANGENTE.	ARC substitué aux deux Tangentes.	Partie extérieure de la SÉCANTE.
0	542 96	994 84	137 89	30	537 32	986 11	135 21
1	77	55	80	31	13	985 82	12
2	58	26	71	32	536 95	53	03
3	40	993 97	62	33	76	24	134 95
4	21	67	53	34	57	984 95	86
5	02	38	44	35	38	66	77
6	541 83	09	35	36	20	37	68
7	64	992 80	26	37	01	08	59
8	46	51	17	38	535 82	983 78	51
9	27	22	09	39	64	49	42
10	08	991 93	00	40	15	20	33
11	540 89	64	136 91	41	26	982 91	24
12	70	35	82	42	08	62	15
13	52	06	73	43	534 89	33	07
14	33	990 77	64	44	70	04	133 98
15	14	47	55	45	51	981 75	89
16	539 95	18	46	46	33	46	80
17	76	989 89	37	47	14	17	71
18	58	60	28	48	533 95	980 88	63
19	39	31	19	49	77	58	54
20	20	02	10	50	58	29	45
21	01	988 73	01	51	39	00	36
22	538 82	44	135 92	52	21	979 71	27
23	64	15	84	53	02	42	19
24	45	987 86	75	54	532 83	13	10
25	26	57	66	55	64	978 84	01
26	07	27	57	56	46	55	132 92
27	537 88	986 98	48	57	27	26	83
28	70	69	39	58	08	977 97	75
29	51	40	30	59	531 90	68	66

 TANGENTES, ARCS ET SÉCANTES.

Angle de 124 degrés.

MINUTES.	Longueur de chaque TANGENTE	ARC substitué aux deux Tangentes.	Partie extérieure de la SÉCANTE.	MINUTES.	Longueur de chaque. TANGENTE.	ARC substitué aux deux Tangentes.	Partie extérieure de la SÉCANTE.
0	531 71	977 38	132 57	30	526 13	968 66	129 96
1	52	09	48	31	525 94	37	87
2	34	976 80	40	32	76	08	79
3	15	51	31	33	57	967 79	70
4	530 97	22	22	34	39	49	62
5	78	975 93	13	35	20	20	53
6	59	64	05	36	02	966 91	44
7	41	35	131 96	37	524 93	62	36
8	22	06	87	38	65	33	27
9	04	974 77	79	39	46	04	19
10	529 85	48	70	40	28	965 75	10
11	66	19	61	41	09	46	01
12	48	973 89	53	42	523 91	17	128 93
13	29	60	44	43	72	964 88	84
14	11	31	35	44	53	59	76
15	528 92	02	26	45	35	29	67
16	73	972 73	18	46	16	00	58
17	55	44	09	47	522 98	963 71	50
18	36	15	00	48	79	42	41
19	18	971 86	130 92	49	61	13	33
20	527 99	57	83	50	42	962 84	24
21	80	28	74	51	24	55	15
22	62	970 99	66	52	05	26	07
23	43	69	57	53	521 87	961 97	127 98
24	25	40	48	54	68	68	90
25	06	11	39	55	50	39	81
26	526 87	969 82	31	56	31	09	72
27	69	53	22	57	13	960 80	64
28	50	24	13	58	520 94	51	55
29	32	968 95	05	59	76	22	47

Angle de 125 degrés.

MINUTES.	Longueur de chaque TANGENTE.		ARC substitué aux deux Tangentes.		Partie extérieure de la SÉCANTE.		MINUTES.	Longueur de chaque TANGENTE.		ARC substitué aux deux Tangentes.		Partie extérieure de la SÉCANTE.	
0	520	57	959	93	127	38	30	515	03	951	20	124	84
1		39		64		30	31	514	85	950	91		76
2		20		35		21	32		66		62		67
3		02		06		13	33		48		33		59
4	519	83	958	77		04	34		30		04		51
5		65		48	126	96	35		11	949	75		42
6		46		19		87	36	513	93		46		34
7		28	957	90		79	37		75		17		26
8		09		60		70	38		56	948	88		17
9	518	91		31		62	39		38		59		09
10		72		02		53	40		20		30		00
11		54	956	73		45	41		01		00	123	92
12		35		44		36	42	512	83	947	71		84
13		17		15		28	43		65		42		75
14	517	99	955	86		20	44		46		13		67
15		80		57		11	45		28	946	84		59
16		62		28		03	46		10		55		50
17		43	954	99	125	94	47	511	91		26		42
18		25		70		86	48		73	945	97		33
19		06		40		77	49		55		68		25
20	516	88		11		69	50		36		39		17
21		69	953	82		60	51		18		10		08
22		51		53		52	52		00	944	80		00
23		32		24		43	53	510	81		51	122	92
24		14	952	95		35	54		63		22		83
25	515	95		66		26	55		45	943	93		75
26		77		37		18	56		26		64		66
27		58		08		09	57		08		35		58
28		40	951	79		01	58	509	90		06		50
29		21		50	124	92	59		71	942	77		41

TANGENTES, ARCS ET SÉCANTES.

Angle de 126 degrés.

MINUTES.	Longueur de chaque TANGENTE.		ARC substitué aux deux Tangentes.		Partie extérieure de la SÉCANTE.		MINUTES.	Longueur de chaque TANGENTE.		ARC substitué aux deux Tangentes.		Partie extérieure de la SÉCANTE.	
0	509	53	942	48	122	33	30	504	04	933	75	119	85
1		35		19		25	31	503	86		46		77
2		16	941	90		17	32		68		17		69
3	508	98		61		08	33		49	932	88		61
4		80		31		00	34		31		59		52
5		61		02	121	92	35		13		30		44
6		43	940	73		83	36	502	95		01		36
7		25		44		75	37		77	931	72		28
8		07		15		67	38		58		42		20
9	507	88	939	86		59	39		40		13		12
10		70		57		50	40		22	930	84		03
11		52		28		42	41		04		55	118	95
12		33	938	99		34	42	501	86		26		87
13		15		70		26	43		67	929	97		79
14	506	97		41		17	44		49		68		71
15		78		11		09	45		31		39		63
16		60	937	82		01	46		13		10		54
17		42		53	120	93	47	500	95	928	81		46
18		24		24		84	48		76		52		38
19		05	936	95		76	49		58		22		30
20	505	87		66		68	50		40	927	93		22
21		69		37		59	51		22		64		14
22		50		08		51	52		04		35		05
23		32	935	79		43	53	499	85		06	117	97
24		14		50		35	54		67	926	77		89
25	504	95		21		26	55		49		48		81
26		77	934	92		18	56		31		19		73
27		59		62		10	57		13	925	90		65
28		41		33		02	58	498	94		61		56
29		22		04	119	93	59		76		32		48

Angle de 127 degrés.

MINUTES.	Longueur de chaque TANGENTE.	ARC substitué aux deux Tangentes.	Partie extérieure de la SÉCANTE.	MINUTES.	Longueur de chaque TANGENTE.	ARC substitué aux deux Tangentes.	Partie extérieure de la SÉCANTE.
0	498 58	925 02	117 40	30	493 15	916 30	114 99
1	40	924 73	32	31	492 97	01	91
2	22	44	24	32	79	915 72	83
3	04	15	16	33	61	43	75
4	497 86	923 86	08	34	43	13	67
5	67	57	00	35	25	914 84	59
6	49	28	116 92	36	07	55	51
7	31	922 99	84	37	491 89	26	43
8	13	70	76	38	71	913 97	35
9	496 95	41	68	39	52	68	27
10	77	12	60	40	34	39	19
11	59	921 83	52	41	16	10	11
12	41	53	44	42	490 98	912 81	03
13	23	24	36	43	80	52	113 95
14	05	920 95	27	44	62	23	88
15	495 86	66	19	45	44	911 93	80
16	68	37	11	46	26	64	72
17	50	08	03	47	08	35	64
18	32	919 79	115 95	48	489 90	06	56
19	14	50	87	49	72	910 77	48
20	494 96	21	79	50	54	48	40
21	78	918 92	71	51	36	19	32
22	60	63	63	52	18	909 90	24
23	42	33	55	53	488 99	61	16
24	24	04	47	54	81	32	08
25	05	917 75	39	55	63	03	00
26	493 87	46	31	56	45	908 73	112 92
27	67	17	23	57	27	44	84
28	51	916 88	15	58	09	15	76
29	33	59	07	59	487 91	907 86	68

7.

Angle de 128 degrés.

MINUTES.	Longueur de chaque TANGENTE.	ARC substitué aux deux Tangentes.	Partie extérieure de la SÉCANTE.	MINUTES.	Longueur de chaque TANGENTE.	ARC substitué aux deux tangente.	Partie extérieure de la SÉCANTE.
0	487 73	907 57	112 60	30	482 34	898 84	110 25
1	55	28	52	31	16	55	17
2	37	906 99	44	32	481 98	26	09
3	19	70	36	33	80	897 97	02
4	01	41	29	34	63	68	109 94
5	486 83	12	21	35	45	39	86
6	65	905 83	13	36	27	10	79
7	47	54	05	37	09	896 81	71
8	29	24	111 97	38	480 91	52	63
9	11	904 95	89	39	73	23	55
10	485 93	66	82	40	55	895 94	48
11	75	37	74	41	38	64	40
12	57	08	66	42	20	35	32
13	39	903 71	58	43	02	06	24
14	22	50	50	44	479 84	894 77	17
15	04	21	42	45	66	48	09
16	484 86	902 92	35	46	48	19	01
17	68	63	27	47	30	893 90	108 93
18	50	34	19	48	12	61	86
19	32	04	11	49	478 95	32	78
20	14	901 75	03	50	77	03	70
21	483 96	46	110 95	51	59	892 74	63
22	78	17	88	52	41	45	55
23	60	900 88	80	53	23	15	47
24	42	59	72	54	05	891 86	39
25	24	30	64	55	477 87	57	32
26	06	01	56	56	69	28	24
27	482 88	899 62	48	57	52	890 99	16
28	70	43	41	58	34	70	08
29	52	14	33	59	16	41	01

Angle de 129 degrés.

MINUTES.	Longueur de chaque TANGENTE.		ARC substitué aux deux Tangentes.		Partie extérieure de la SÉCANTE.		MINUTES.	Longueur de chaque TANGENTE.		ARC substitué aux deux Tangentes.		Partie extérieure de la SÉCANTE.	
0	476	98	890	12	107	93	30	471	63	881	39	105	64
1		80	889	83		85	31		45		10		56
2		62		54		78	32		27	880	81		49
3		44		25		70	33		10		52		41
4		27	888	95		62	34	470	92		23		34
5		09		66		55	35		74	879	94		26
6	475	91		37		47	36		57		65		19
7		73		08		39	37		39		36		21
8		55	887	79		32	38		21		06		04
9		37		50		24	39		03	878	77	104	96
10		20		21		17	40	469	86		48		89
11		02	886	92		09	41		68		19		81
12	474	84		63		01	42		50	877	90		74
13		66		34	106	94	43		32		61		C6
14		48		05		86	44		15		32		58
15		30	885	76		78	45	468	97		03		51
16		13		46		71	46		79	876	74		43
17	473	95		17		63	47		61		45		36
18		77	884	88		56	48		44		16		28
19		59		59		48	49		26	875	86		21
20		41		30		40	50		08		57		13
21		23		01		33	51	467	91		28		06
22		06	883	72		25	52		73	874	99	103	98
23	472	88		43		17	53		55		70		91
24		70		14		10	54		37		41		83
25		52	882	85		02	55		20		12		76
26		34		56	105	95	56		02	873	83		68
27		16		26		87	57	466	84		54		61
28	471	99	881	97		79	58		66		25		53
29		81		68		72	59		49	872	96		46

TANGENTES, ARCS ET SÉCANTES.

Angle de 130 degrés.

MINUTES.	Longueur de chaque TANGENTE.	ARC substitué aux deux Tangentes.	Partie extérieure de la SÉCANTE.	MINUTES.	Longueur de chaque TANGENTE	ARC substitué aux deux Tangentes.	Partie extérieure de la SÉCANTE.
0	466 31	872 66	103 38	30	461 01	863 94	101 15
1	13	37	30	31	460 83	65	08
2	465 96	08	23	32	66	36	00
3	78	871 79	16	33	48	07	100 93
4	60	50	08	34	31	862 77	86
5	43	21	80	35	13	48	78
6	25	870 92	102 93	36	459 95	19	71
7	07	63	86	37	78	861 90	64
8	464 90	34	78	38	60	61	56
9	72	05	71	39	43	32	49
10	54	869 76	64	40	25	03	42
11	37	47	56	41	07	860 74	34
12	19	17	49	42	458 90	45	27
13	01	868 88	41	43	72	16	20
14	463 84	59	34	44	55	859 87	12
15	66	30	26	45	37	57	05
16	48	01	19	46	19	28	99 98
17	31	867 72	12	47	02	858 70	90
18	13	43	04	48	457 84	41	83
19	462 95	14	101 97	49	67	12	76
20	78	866 85	89	50	49	857 83	68
21	60	56	82	51	31	54	61
22	42	27	74	52	14	25	54
23	25	865 97	67	53	456 96	856 96	46
24	07	68	60	54	79	67	39
25	461 89	39	52	55	61	37	32
26	72	10	45	56	43	08	24
27	54	864 81	37	57	26	855 79	17
28	36	52	30	58	08	50	10
29	19	23	22	59	455 91	21	02

Angle de 131 degrés.

MINUTES.	Longueur de chaque TANGENTE.	ARC substitué aux deux Tangentes.	Partie extérieure de la SÉCANTE.	MINUTES.	Longueur de chaque TANGENTE.	ARC substitué aux deux Tangentes.	Partie extérieure de la SÉCANTE.
0	455 73	855 21	98 95	30	450 47	846 48	96 78
1	55	854 92	88	31	30	19	71
2	38	63	80	32	12	845 90	64
3	20	34	73	33	449 95	61	57
4	03	05	66	34	77	32	49
5	454 85	853 76	59	35	60	03	42
6	68	47	52	36	42	844 74	35
7	50	18	44	37	25	45	28
8	33	852 88	37	38	07	16	21
9	15	59	30	39	448 90	843 87	14
10	453 98	30	43	40	72	58	07
11	80	01	15	41	55	29	95 99
12	63	851 72	08	42	37	842 99	92
13	45	43	01	43	20	70	85
14	27	14	97 94	44	03	41	78
15	10	850 85	86	45	447 85	12	71
16	452 92	56	79	46	68	841 83	64
17	75	27	72	47	50	54	57
18	57	849 98	65	48	33	25	50
19	40	68	58	49	15	840 96	42
20	22	39	50	50	446 98	67	35
21	05	10	43	51	80	38	28
22	451 87	848 81	36	52	63	09	21
23	70	52	29	53	45	839 79	14
24	52	23	21	54	28	50	07
25	35	847 94	14	55	10	21	00
26	17	65	07	56	445 93	838 92	94 93
27	00	36	00	57	75	63	85
28	450 82	07	96 92	58	58	34	78
29	65	846 78	85	59	40	05	71

Angle de 132 degrés.

MINUTES.	Longueur de chaque TANGENTE		ARC substitué aux deux Tangentes.		Partie extérieure de la SÉCANTE.		MINUTES.	Longueur de chaque. TANGENTE.		ARC substitué aux deux Tangentes.		Partie extérieure de la SÉCANTE.	
0	445	23	837	76	94	64	30	440	01	829	03	92	52
1		06		47		57	31	439	84	828	74		45
2	444	88		18		50	32		66		45		38
3		71	836	89		43	33		49		16		31
4		53		60		36	34		32	827	87		24
5		36		30		29	35		14		58		17
6		19		01		22	36	438	97		29		10
7		01	835	72		15	37		80		00		03
8	443	84		43		08	38		62	826	70	91	96
9		66		14		00	39		45		41		90
10		49	834	85	93	93	40		28		12		83
11		32		56		86	41		10	825	83		76
12		14		27		79	42	437	93		54		69
13	442	97	833	98		72	43		76		25		62
14		79		69		65	44		58	824	96		55
15		62		40		58	45		41		67		48
16		45		10		51	46		24		38		41
17		27	832	81		44	47		06		09		34
18		10		52		37	48	436	89	823	80		27
19	441	92		23		30	49		72		50		20
20		75	831	94		23	50		54		21		13
21		58		65		16	51		37	822	92		06
22		40		36		09	52		20		63	90	99
23		23		07		01	53		02		34		93
24		05	830	78	92	94	54	435	85		05		86
25	440	88		49		87	55		68	821	76		79
26		71		20		80	56		50		47		72
27		53	829	90		73	57		33		18		65
28		36		61		66	58		16	820	89		58
29		18		32		59	59	434	98		60		51

Angle de 133 degrés.

MINUTES.	Longueur de chaque TANGENTE.	ARC substitué aux deux Tangentes.	Partie extérieure de la SÉCANTE.	MINUTES.	Longueur de chaque TANGENTE.	ARC substitué aux deux Tangentes.	Partie extérieure de la SÉCANTE.
0	434 81	820 30	90 44	30	429 63	811 58	88 39
1	64	01	37	31	46	29	32
2	47	819 72	30	32	29	00	26
3	29	43	23	33	11	810 71	19
4	12	14	17	34	428 94	41	12
5	433 95	818 85	10	35	77	12	05
6	77	56	03	36	60	809 83	87 98
7	60	27	89 96	37	43	54	92
8	43	817 98	89	38	25	25	85
9	26	69	82	39	08	808 96	78
10	08	40	76	40	427 91	67	71
11	432 91	11	69	41	74	38	65
12	74	816 81	62	42	57	09	58
13	57	52	55	43	39	807 80	51
14	39	23	48	44	22	51	44
15	22	815 94	41	45	05	21	36
16	05	65	35	46	426 88	806 92	31
17	431 88	36	28	47	71	63	24
18	70	07	21	48	53	34	17
19	53	814 78	14	49	36	05	10
20	36	49	07	50	19	805 76	04
21	18	20	00	51	02	47	86 97
22	01	813 91	88 94	52	425 85	18	90
23	430 84	61	87	53	67	804 89	83
24	67	32	80	54	50	60	77
25	49	03	73	55	33	31	70
26	32	812 74	66	56	16	02	63
27	15	45	59	57	424 99	803 72	56
28	429 98	16	53	58	81	43	50
29	80	811 87	46	59	64	14	43

Angle de 134 degrés.

MINUTES.	Longueur de chaque TANGENTE.	ARC substitué aux deux Tangentes.	Partie extérieure de la SÉCANTE.	MINUTES.	Longueur de chaque TANGENTE.	ARC substitué aux deux Tangentes.	Partie extérieure de la SÉCANTE.
0	424 47	802 85	86 36	30	419 33	794 13	84 36
1	30	56	29	31	16	793 83	30
2	13	27	23	32	418 99	54	23
3	423 96	801 98	16	33	82	25	16
4	78	69	09	34	65	792 96	10
5	61	40	03	35	48	67	03
6	44	11	85 96	36	31	38	83 97
7	27	800 82	89	37	14	09	90
8	10	52	83	38	417 97	791 80	84
9	422 93	23	76	39	79	51	77
10	76	799 94	69	40	62	22	70
11	58	65	63	41	45	790 93	64
12	41	36	56	42	28	63	57
13	24	07	49	43	11	34	51
14	07	798 78	43	44	416 94	05	44
15	421 90	49	36	45	77	789 76	38
16	73	20	30	46	60	47	31
17	56	797 91	23	47	43	18	24
18	39	62	16	48	26	788 89	18
19	21	33	09	49	09	60	11
20	04	03	03	50	415 92	31	05
21	420 87	796 74	84 96	51	75	02	82 98
22	70	45	89	52	58	787 73	92
23	53	16	83	53	40	43	85
24	36	795 87	76	54	23	14	78
25	19	58	69	55	06	786 85	72
26	02	29	63	56	414 89	56	65
27	419 84	00	56	57	72	27	59
28	67	794 71	49	58	55	785 98	52
29	50	42	43	59	38	69	46

Angle de 135 degrés.

MINUTES.	Longueur de chaque TANGENTE.	ARC substitué aux deux Tangentes.	Partie extérieure de la SÉCANTE.	MINUTES.	Longueur de chaque TANGENTE.	ARC substitué aux deux Tangentes.	Partie extérieure de la SÉCANTE.
0	414 21	785 40	82 39	30	409 11	776 67	80 45
1	04	11	33	31	408 94	38	39
2	413 87	784 82	26	32	77	09	32
3	70	53	20	33	60	775 80	26
4	53	24	13	34	43	51	19
5	36	783 94	07	35	26	22	13
6	19	65	00	36	09	774 93	07
7	02	36	81 94	37	407 92	64	00
8	412 85	07	87	38	75	34	79 94
9	68	782 78	81	39	59	05	87
10	51	49	74	40	42	773 76	81
11	34	20	68	41	25	47	75
12	17	781 91	61	42	08	18	68
13	00	62	55	43	406 91	772 89	62
14	411 83	33	49	44	74	60	55
15	66	04	42	45	57	31	49
16	49	780 74	36	46	40	02	43
17	32	45	29	47	23	771 73	36
18	15	16	23	48	06	44	30
19	410 98	779 87	16	49	405 89	14	23
20	81	58	10	50	72	770 85	17
21	64	29	03	51	55	56	11
22	47	00	80 97	52	38	27	04
23	30	778 71	90	53	22	769 98	78 98
24	13	42	84	54	05	69	91
25	409 96	13	77	55	404 88	40	85
26	79	777 84	71	56	71	11	79
27	62	54	64	57	54	768 82	72
28	45	25	58	58	37	53	66
29	28	776 96	51	59	20	24	59

TANGENTES, ARCS ET SÉCANTES.

Angle de 136 degrés.

MINUTES.	Longueur de chaque TANGENTE.		ARC substitué aux deux Tangentes.		Partie extérieure de la SÉCANTE.		MINUTES.	Longueur de chaque TANGENTE.		ARC substitué aux deux tangente.		Partie extérieure de la SÉCANTE.	
0	404	03	767	94	78	53	30	398	96	759	22	76	65
1	403	86		65		47	31		79	758	93		59
2		69		36		41	32		62		64		53
3		52		07		34	33		45		35		46
4		35	766	78		28	34		29		05		40
5		18		49		22	35		12	757	76		34
6		02		20		15	36	397	95		47		28
7	402	85	765	91		09	37		78		18		22
8		68		62		03	38		61	756	89		15
9		51		33	77	97	39		44		60		09
10		34		04		90	40		28		31		03
11		17	764	75		84	41		11		02	75	97
12		00		45		78	42	396	94	755	73		91
13	401	83		16		72	43		77		44		84
14		66	763	87		65	44		60		15		78
15		49		58		59	45		43	754	86		72
16		33		29		53	46		27		56		66
17		16		00		47	47		10		27		60
18	400	99	762	71		40	48	395	93	753	98		53
19		82		42		34	49		76		69		47
20		65		13		28	50		59		40		41
21		48	761	84		21	51		42		11		35
22		31		55		15	52		26	752	82		29
23		14		25		09	53		09		53		22
24	399	97	760	96		03	54	394	92		24		16
25		80		67	76	96	55		75	751	95		10
26		64		38		90	56		58		66		04
27		47		09		84	57		41		36	74	98
28		30	759	80		78	58		25		07		91
29		13		51		71	59		08	750	78		85

Angle de 137 degrés.

MINUTES.	Longueur de chaque TANGENTÉ.		ARC substitué aux deux Tangentes.		Partie extérieure de la SÉCANTE.		MINUTES.	Longueur de chaque TANGENTE.		ARC substitué aux deux Tangentes.		Partie extérieure de la SÉCANTE.	
0	393	91	750	49	74	79	30	388	88	741	77	72	95
1		74		20		73	31		71		47		89
2		58	749	91		67	32		54		18		83
3		41		62		61	33		38	740	89		77
4		24		33		54	34		21		60		71
5		07		04		48	35		04		31		65
6	392	90	748	75		42	36	387	88		02		59
7		74		46		36	37		71	739	73		53
8		57		17		30	38		54		44		47
9		40	747	87		24	39		37		15		41
10		23		58		18	40		21	738	86		35
11		07		29		11	41		04		57		29
12	391	90		00		05	42	386	87		27		23
13		73	746	71	73	99	43		70	737	98		17
14		56		42		93	44		54		69		11
15		40		13		87	45		37		40		05
16		23	745	84		81	46		20		11	71	99
17		06		55		75	47		03	736	82		93
18	390	89		26		69	48	385	87		53		87
19		72	744	97		62	49		70		24		81
20		56		67		56	50		53	735	95		75
21		39		38		50	51		37		66		69
22		22		09		44	52		20		37		63
23		05	743	80		38	53		03		07		57
24	389	89		51		32	54	384	86	734	78		51
25		72		22		26	55		70		49		45
26		55	742	93		20	56		53		20		39
27		38		64		13	57		36	733	91		33
28		22		35		07	58		19		62		27
29		05		06		01	59		03		33		21

TANGENTES, ARCS ET SÉCANTES.

Angle de 138 degrés.

MINUTES.	Longueur de chaque TANGENTE.	ARC substitué aux deux Tangentes.	Partie extérieure de la SÉCANTE.	MINUTES.	Longueur de chaque TANGENTE	ARC substitué aux deux Tangentes.	Partie extérieure de la SÉCANTE.
0	383 86	733 04	71 15	30	378 87	724 31	69 36
1	69	732 75	09	31	70	02	30
2	53	46	03	32	54	723 73	24
3	36	17	70 97	33	37	44	18
4	19	731 88	91	34	20	15	13
5	03	58	83	35	04	722 86	07
6	382 86	29	79	36	377 87	57	01
7	69	00	73	37	70	28	68 95
8	53	730 71	67	38	54	721 98	89
9	36	42	64	39	37	69	83
10	20	13	55	40	21	40	78
11	03	729 84	49	41	04	11	72
12	381 86	55	43	42	376 87	720 82	66
13	70	26	37	43	71	53	60
14	53	728 97	32	44	54	24	54
15	36	68	26	45	37	719 95	48
16	20	38	20	46	21	66	43
17	03	09	14	47	04	37	37
18	380 87	727 80	08	48	375 88	08	31
19	70	51	02	49	71	718 78	25
20	53	22	69 96	50	54	49	19
21	37	726 93	90	51	38	20	13
22	20	64	84	52	21	717 91	08
23	03	35	78	53	04	62	02
24	379 87	06	72	54	374 88	33	67 96
25	70	725 77	66	55	71	04	90
26	54	48	60	56	55	716 75	84
27	37	18	54	57	38	46	78
28	20	724 89	48	58	21	17	73
29	04	60	42	59	05	815 88	67

Angle de 139 degrés.

MINUTES.	Longueur de chaque TANGENTE.	ARC substitué aux deux Tangentes.	Partie extérieure de la SÉCANTE.	MINUTES.	Longueur de chaque TANGENTE.	ARC substitué aux deux Tangentes.	Partie extérieure de la SÉCANTE.
0	373 88	715 58	67 61	30	368 92	706 86	65 88
1	71	30	55	31	75	57	82
2	55	00	50	32	59	28	77
3	38	714 71	44	33	42	705 99	71
4	22	42	38	34	26	70	65
5	05	13	32	35	09	40	60
6	372 89	713 84	26	36	367 93	11	54
7	72	55	21	37	76	704 82	48
8	56	26	15	38	60	53	43
9	39	712 97	09	39	43	24	37
10	23	68	03	40	27	703 95	31
11	06	39	66 98	41	10	66	26
12	371 90	10	92	42	366 94	37	20
13	73	711 80	86	43	77	08	14
14	56	51	80	44	61	702 79	09
15	40	22	75	45	44	50	03
16	23	710 93	69	46	28	20	64 97
17	07	64	63	47	11	701 91	92
18	370 90	35	57	48	365 95	62	86
19	74	06	51	49	78	33	80
20	57	709 77	46	50	62	04	75
21	41	48	40	51	45	700 75	69
22	24	19	34	52	29	46	63
23	08	708 90	28	53	12	17	58
24	369 91	60	23	54	364 96	699 88	52
25	75	31	17	55	79	59	46
26	58	02	11	56	63	30	41
27	42	707 73	05	57	46	00	35
28	25	44	00	58	30	698 71	29
29	09	15	65 94	59	13	42	24

Angle de 140 degrés.

MINUTES.	Longueur de chaque TANGENTE	ARC substitué aux deux Tangentes.	Partie extérieure de la SÉCANTE.	MINUTES.	Longueur de chaque TANGENTE.	ARC substitué aux deux Tangentes.	Partie extérieure de la SÉCANTE.
0	363 97	698 13	64 18	30	359 04	689 41	62 50
1	80	697 84	12	31	358 88	11	44
2	64	55	07	32	71	688 82	39
3	48	26	01	33	55	53	33
4	31	696 97	63 96	34	38	24	28
5	15	68	90	35	22	687 95	22
6	362 98	39	84	36	06	66	17
7	82	10	79	37	357 89	37	11
8	65	695 81	73	38	73	08	06
9	49	51	68	39	56	686 79	00
10	33	22	62	40	40	50	61 95
11	16	694 93	56	41	24	21	89
12	00	64	50	42	07	685 91	84
13	361 83	35	45	43	356 91	62	78
14	67	06	40	44	74	33	73
15	50	693 77	34	45	58	04	67
16	34	48	28	46	42	684 75	62
17	18	19	23	47	25	46	56
18	01	692 90	17	48	09	17	51
19	360 85	61	12	49	355 92	683 88	45
20	68	31	06	50	76	59	40
21	52	02	00	51	60	30	34
22	35	691 73	62 95	52	43	01	29
23	19	44	89	53	27	682 71	23
24	03	15	84	54	10	42	18
25	359 86	690 86	78	55	354 94	13	12
26	70	57	72	56	78	681 84	07
27	53	28	67	57	61	55	01
28	37	689 99	61	58	45	26	60 96
29	20	70	56	59	28	680 97	90

Angle de 141 degrés.

MINUTES.	Longueur de chaque TANGENTE.		ARC substitué aux deux Tangentes.		Partie extérieure de la SÉCANTE.		MINUTES.	Longueur de chaque TANGENTE.		ARC substitué aux deux Tangentes.		Partie extérieure de la SÉCANTE.	
0	354	12	680	68	60	85	30	349	22	671	95	59	22
1	353	96		39		79	31		06		66		17
2		79		10		74	32	348	89		37		11
3		63	679	81		69	33		73		08		06
4		47		52		63	34		57	670	79		01
5		30		22		58	35		40		50	58	95
6		14	678	93		52	36		24		21		90
7	352	98		64		47	37		08	669	92		85
8		81		35		41	38	347	92		62		79
9		65		06		36	39		75		33		74
10		49	677	77		31	40		59		04		69
11		32		48		25	41		43	668	75		63
12		16		19		20	42		26		46		58
13		00	676	90		14	43		10		17		53
14	351	83		61		09	44	346	94	667	88		47
15		67		32		03	45		77		59		42
16		51		02	59	98	46		61		30		37
17		34	675	73		93	47		45		01		31
18		18		44		87	48		29	666	72		26
19		02		15		82	49		12		42		21
20	350	85	674	86		76	50	345	96		13		15
21		69		57		71	51		80	665	84		10
22		53		28		65	52		63		55		05
23		36	673	94		60	53		47		26	57	99
24		20		70		55	54		31	664	97		94
25		04		41		49	55		14		68		89
26	349	87		12		44	56	344	98		39		83
27		71	672	82		38	57		82		10		78
28		55		53		33	58		66	663	81		73
29		38		24		27	59		49		52		67

TANGENTES, ARCS ET SÉCANTES.

Angle de 142 degrés.

MINUTES.	Longueur de chaque TANGENTE.		ARC substitué aux deux Tangentes.		Partie extérieure de la SÉCANTE.		MINUTES.	Longueur de chaque TANGENTE.		ARC substitué aux deux Tangentes.		Partie extérieure de la SÉCANTE.	
0	344	33	663	23	57	62	30	339	45	654	50	56	04
1		17	662	93		57	31		29		21	55	99
2		01		64		52	32		13	653	92		94
3	343	84		35		46	33	338	97		63		89
4		68		06		41	34		80		34		83
5		52	661	77		36	35		64		04		78
6		35		48		30	36		48	652	75		73
7		19		19		25	37		32		46		68
8		03	660	90		20	38		16		17		63
9	342	87		61		15	39		00	651	88		58
10		70		32		09	40	337	83		59		52
11		54		02		04	41		67		30		47
12		38	659	73	56	99	42		51		01		42
13		22		44		94	43		35	650	72		37
14		05		15		88	44		19		43		32
15	341	89	658	86		83	45		03		14		27
16		73		57		78	46	336	86	649	84		21
17		57		28		73	47		70		55		16
18		40	657	99		67	48		54		26		11
19		24		70		62	49		38	648	97		06
20		08		41		57	50		22		68		01
21	340	91		12		51	51		06		39	54	96
22		75	656	83		46	52	335	89		10		90
23		59		54		41	53		73	647	81		85
24		43		24		36	54		57		52		80
25		26	655	95		30	55		41		23		75
26		10		66		25	56		25	646	94		70
27	339	94		37		20	57		09		64		65
28		78		08		15	58	334	92		35		59
29		61	654	79		09	59		76		06		54

Angle de 143 degrés.

MINUTES.	Longueur de chaque TANGENTE.		ARC substitué aux deux Tangentes.		Partie extérieure de la SÉCANTE.		MINUTES.	Longueur de chaque TANGENTE.		ARC substitué aux deux Tangentes.		Partie extérieure de la SÉCANTE.	
0	334	60	645	77	54	49	30	329	75	637	05	52	97
1		44		48		44	31		59	636	75		92
2		28		19		39	32		43		46		87
3		12	644	90		34	33		27		17		82
4	333	95		61		29	34		11	635	88		77
5		79		32		24	35	328	94		59		72
6		63		03		19	36		78		30		67
7		47	643	74		14	37		62		01		62
8		31		45		09	38		46	634	72		57
9		15		15		03	39		30		43		52
10	332	98	642	86	53	98	40		14		14		47
11		82		57		93	41	327	98	633	85		42
12		66		28		88	42		82		55		37
13		50	641	99		83	43		66		26		32
14		34		70		78	44		50	632	97		26
15		18		41		73	45		33		68		21
16		01		12		68	46		17		39		16
17	331	85	640	83		63	47		01		10		11
18		69		54		58	48	326	85	631	81		06
19		53		25		53	49		69		52		01
20		37	639	95		48	50		53		23	51	96
21		21		66		43	51		37	630	94		91
22		04		37		38	52		21		65		86
23	330	88		08		32	53		05		35		81
24		72	638	79		27	54	325	89		06		76
25		56		50		22	55		72	629	77		71
26		40		21		17	56		56		48		66
27		24	637	92		12	57		40		19		61
28		07		63		07	58		24	628	90		56
29	329	91		34		02	59		08		61		51

8.

Angle de 144 degrés.

MINUTES.	Longueur de chaque TANGENTE.		ARC substitué aux deux Tangentes.		Partie extérieure de la SÉCANTE.		MINUTES.	Longueur de chaque TANGENTE.		ARC substitué aux deux Tangentes.		Partie extérieure de la SÉCANTE.	
0	324	92	628	32	51	46	30	320	10	619	59	49	98
1		76		03		41	31	319	94		30		93
2		60	627	74		36	32		78		01		88
3		44		45		21	33		62	618	72		83
4		28		16		26	34		46		43		79
5		12	626	86		21	35		30		14		74
6	323	96		57		16	36		14	617	85		69
7		80		28		11	37	318	98		56		64
8		64	625	99		06	38		82		26		59
9		47		70		02	39		66	616	97		54
10		31		41	50	97	40		50		68		50
11		15		12		92	41		34		39		45
12	322	99	624	83		87	42		18		10		40
13		83		54		82	43		02	615	81		35
14		67		25		77	44	317	86		52		30
15		51	623	96		72	45		70		23		25
16		35		66		67	46		54	614	94		21
17		19		37		62	47		38		65		16
18		03		08		57	48		22		36		11
19	321	87	622	79		52	49		06		07		06
20		71		50		47	50	316	90	613	77		01
21		55		21		42	51		74		48	48	96
22		39	621	92		37	52		58		19		92
23		22		63		33	53		42	612	90		87
24		06		34		28	54		26		61		82
25	320	90		05		23	55		10		32		77
26		74	620	76		18	56	315	94		03		72
27		58		46		13	57		78	611	74		67
28		42		17		08	58		62		45		63
29		26	619	88		03	59		46		16		58

Angle de 145 degrés.

MINUTES.	Longueur de chaque TANGENTÉ.		ARC substitué aux deux Tangentes.		Partie extérieure de la SÉCANTE.		MINUTES.	Longueur de chaque TANGENTE.		ARC substitué aux deux Tangentes.		Partie extérieure de la SÉCANTE.	
0	315	30	610	87	48	53	30	310	51	602	14	47	10
1		14		57		48	31		35	601	85		05
2	314	98		28		44	32		19		56		01
3		82	609	99		39	33		03		27	46	96
4		C6		70		34	34	309	87	600	98		91
5		50		41		29	35		71		68		86
6		34		12		24	36		55		39		82
7		18	608	83		20	37		39		10		77
8		02		54		15	38		23	599	81		72
9	313	86		25		10	39		08		52		68
10		70	607	96		05	40	308	92		23		63
11		54		67		01	41		76	598	94		58
12		38		38	47	96	42		60		65		54
13		22		08		91	43		44		36		49
14		07	606	79		86	44		28		07		44
15	312	91		50		82	45		12	597	78		39
16		75		21		77	46	307	96		48		35
17		59	605	92		72	47		80		19		30
18		43		63		67	48		64	596	90		25
19		27		34		62	49		48		61		21
20		11		05		58	50		32		32		16
21	311	95	604	76		53	51		16		03		11
22		79		47		48	52		00	595	74		07
23		63		18		43	53	306	85		45		02
24		47	603	88		39	54		69		16	45	97
25		31		59		34	55		53	594	87		92
26		15		30		29	56		37		58		88
27	310	99		04		24	57		21		28		83
28		83	602	72		20	58		05	593	99		78
29		67		43		15	59	305	89		70		74

TANGENTES, ARCS ET SÉCANTES.

Angle de 146 degrés.

MINUTES.	Longueur de chaque TANGENTE.		ARC substitué aux deux Tangentes.		Partie extérieure de la SÉCANTE.		MINUTES.	Longueur de chaque TANGENTE.		ARC substitué aux deux Tangentes.		Partie extérieure de la SÉCANTE.	
0	305	73	593	44	45	69	30	300	97	584	69	44	31
1		57		12		64	31		81		39		26
2		41	592	83		60	32		65		10		22
3		25		54		55	33		49	583	81		17
4		10		25		51	34		34		52		13
5	304	94	591	96		46	35		18		23		08
6		78		67		41	36		02	582	94		04
7		62		38		37	37	299	86		65	43	99
8		46		09		32	38		70		36		95
9		30	590	79		28	39		54		07		90
10		14		50		23	40		38	581	78		86
11	303	99		21		18	41		23		49		81
12		83	589	92		14	42		07		19		77
13		67		63		09	43	298	91	580	90		72
14		51		34		05	44		75		61		67
15		35		05		00	45		59		32		63
16		19	588	76	44	95	46		43		03		58
17		03		47		91	47		27	579	74		54
18	302	87		18		86	48		11		45		49
19		72	587	89		82	49	297	96		16		45
20		56		59		77	50		80	578	87		40
21		40		30		72	51		64		58		36
22		24		01		68	52		48		29		31
23		08	586	72		63	53		32	577	99		27
24	301	92		43		59	54		16		70		22
25		76		14		54	55		00		41		18
26		60	585	85		49	56	296	84		12		13
27		45		56		45	57		69	576	83		09
28		29		27		40	58		53		54		04
29		13	584	98		36	59		37		25		00

Angle de 147 degrés.

MINUTES.	Longueur de chaque TANGENTE.		ARC substitué aux deux Tangentes.		Partie extérieure de la SÉCANTE.		MINUTES.	Longueur de chaque TANGENTE.		ARC substitué aux deux Tangentes.		Partie extérieure de la SÉCANTE.	
0	296	21	575	96	42	95	30	291	47	567	23	41	61
1		05		67		91	31		31	566	94		57
2	295	89		38		86	32		15		65		52
3		74		09		82	33		00		36		48
4		58	574	80		77	34	290	84		07		44
5		42		50		73	35		68	565	78		39
6		26		21		68	36		53		49		35
7		10	573	92		64	37		37		20		31
8	294	95		63		59	38		21	564	91		26
9		79		34		55	39		05		61		22
10		63		05		50	40	289	90		32		17
11		47	572	76		46	41		74		03		13
12		31		47		41	42		58	563	74		09
13		16		18		37	43		42		45		04
14		00	571	89		33	44		27		16		00
15	293	84		60		28	45		11	562	87	40	96
16		68		30		24	46	288	95		58		91
17		52		01		19	47		79		29		87
18		37	570	72		15	48		64		00		82
19		21		43		10	49		48	561	71		78
20		05		14		06	50		32		41		74
21	292	89	569	85		01	51		17		12		69
22		73		56	41	97	52		01	560	83		65
23		58		27		92	53	287	85		54		61
24		42	568	98		88	54		69		25		56
25		26		69		83	55		54	559	96		52
26		10		40		79	56		38		67		47
27	291	94		11		74	57		22		38		43
28		79	567	81		70	58		06		09		39
29		63		52		65	59	286	94	558	80		34

TANGENTES, ARCS ET SÉCANTES.

Angle de 148 degrés.

MINUTES.	Longueur de chaque TANGENTE	ARC substitué aux deux Tangentes.	Partie extérieure de la SÉCANTE.	MINUTES.	Longueur de chaque. TANGENTE.	ARC substitué aux deux Tangentes.	Partie extérieure de la SÉCANTE.
0	286 75	558 51	40 30	30	282 03	549 78	39 01
1	59	22	26	31	281 87	49	38 96
2	43	557 92	21	32	72	20	92
3	28	63	17	33	56	548 91	88
4	12	31	13	34	40	62	84
5	285 96	05	08	35	24	32	80
6	81	556 76	04	36	09	03	76
7	65	47	00	37	280 93	547 74	71
8	49	18	39 96	38	77	45	67
9	33	555 89	91	39	62	16	63
10	18	60	87	40	46	546 87	59
11	02	31	83	41	30	58	54
12	284 86	02	78	42	15	29	50
13	70	554 72	74	43	279 99	00	46
14	55	43	70	44	83	545 71	42
15	39	14	65	45	67	42	37
16	23	553 85	61	46	52	12	33
17	07	56	57	47	36	544 83	29
18	283 92	27	53	48	20	54	25
19	76	552 98	48	49	05	25	21
20	60	69	44	50	278 89	543 96	16
21	45	40	40	51	73	67	12
22	29	11	35	52	58	38	08
23	13	551 82	31	53	42	09	04
24	282 97	52	27	54	26	542 80	37 99
25	82	23	22	55	10	51	95
26	66	550 94	18	56	277 95	22	91
27	50	65	14	57	79	541 92	87
28	34	36	10	58	63	63	82
29	19	07	05	59	48	34	78

Angle de 149 degrés.

MINUTES.	Longueur de chaque TANGENTE.	ARC substitué aux deux Tangentes.	Partie extérieure de la SÉCANTE.	MINUTES.	Longueur de chaque TANGENTE.	ARC substitué aux deux Tangentes.	Partie extérieure de la SÉCANTE.
0	277 32	541 05	37 74	30	272 63	532 33	36 50
1	16	540 76	70	31	47	03	46
2	01	47	66	32	32	531 74	42
3	276 85	18	62	33	16	45	38
4	69	539 89	57	34	01	16	34
5	54	60	53	35	274 85	530 87	30
6	38	31	49	36	69	58	26
7	22	02	45	37	54	29	22
8	07	538 73	41	38	38	00	18
9	275 91	43	37	39	23	529 71	13
10	76	14	33	40	07	42	09
11	60	537 85	28	41	370 91	13	05
12	44	56	24	42	76	528 83	91
13	29	27	20	43	40	54	35 97
14	13	536 98	16	44	45	25	93
15	274 97	69	12	45	29	527 96	89
16	82	40	08	46	13	67	85
17	66	11	04	47	269 98	38	81
18	51	535 82	00	48	82	09	77
19	35	53	36 95	49	67	526 80	73
20	19	23	91	50	51	51	69
21	04	534 94	87	51	35	22	65
22	273 88	65	83	52	20	525 93	61
23	72	36	79	53	04	64	56
24	57	07	75	54	268 89	34	52
25	41	533 78	71	55	73	05	48
26	26	49	67	56	57	524 76	44
27	10	20	62	57	42	47	40
28	272 94	532 91	58	58	26	18	36
29	79	62	54	59	11	523 89	32

 TANGENTES, ARCS ET SÉCANTES.

Angle de 150 degrés.

MINUTES.	Longueur de chaque TANGENTE.	ARC substitué aux deux Tangentes.	Partie extérieure de la SÉCANTE.	MINUTES.	Longueur de chaque TANGENTE.	ARC substitué aux deux Tangentes.	Partie extérieure de la SÉCANTE.
0	267 95	523 60	35 28	30	263 28	514 87	34 08
1	80	34	24	31	12	58	04
2	64	02	20	32	262 97	29	00
3	48	522 73	16	33	81	00	33 96
4	33	43	12	34	66	513 71	92
5	17	14	08	35	50	42	88
6	02	521 85	04	36	35	13	84
7	266 86	56	00	37	19	512 84	80
8	71	27	34 96	38	04	54	76
9	55	520 98	92	39	261 88	25	73
10	39	69	88	40	73	511 96	69
11	24	40	84	41	57	67	65
12	08	11	80	42	42	38	61
13	265 93	519 82	76	43	26	00	57
14	77	53	72	44	10	510 80	53
15	62	23	68	45	260 95	51	49
16	46	518 94	64	46	79	22	45
17	30	65	60	47	64	509 93	41
18	15	36	56	48	48	64	37
19	264 99	07	52	49	33	35	33
20	84	517 78	48	50	17	05	29
21	68	49	44	51	02	508 76	25
22	53	20	40	52	259 86	47	21
23	37	516 91	36	53	71	18	18
24	21	62	32	54	55	507 89	14
25	06	33	28	55	40	60	10
26	263 90	04	24	56	24	31	06
27	75	515 74	20	57	09	02	02
28	59	45	16	58	258 93	506 73	32 98
29	44	16	12	59	78	44	94

Angle de 151 degrés.

MINUTES.	Longueur de chaque TANGENTE.	ARC substitué aux deux Tangentes.	Partie extérieure de la SÉCANTE.	MINUTES.	Longueur de chaque TANGENTE.	ARC substitué aux deux Tangentes.	Partie extérieure de la SÉCANTE.
0	258 62	506 15	32 90	30	253 97	497 42	31 75
1	46	505 86	86	31	82	13	71
2	31	56	82	32	66	496 84	67
3	15	27	78	33	51	55	64
4	00	504 98	75	34	35	26	60
5	257 84	69	71	35	20	495 96	56
6	69	40	67	36	04	67	52
7	53	11	63	37	252 89	38	48
8	38	503 82	59	38	73	09	45
9	22	53	55	39	58	494 80	41
10	07	24	52	40	42	51	37
11	256 91	502 95	48	41	27	22	33
12	76	66	44	42	11	493 93	29
13	60	36	40	43	251 96	64	26
14	45	07	36	44	81	35	22
15	29	501 78	32	45	65	06	18
16	14	49	29	46	50	492 76	14
17	255 98	20	25	47	34	47	10
18	83	500 91	21	48	19	18	07
19	67	62	17	49	03	491 89	03
20	52	33	13	50	250 88	60	30 99
21	36	04	09	51	72	31	95
22	21	499 75	06	52	57	02	91
23	05	46	02	53	41	490 73	88
24	254 90	16	31 98	54	26	44	84
25	74	498 87	94	55	10	15	80
26	59	58	90	56	249 95	489 86	76
27	43	29	86	57	79	56	72
28	28	00	83	58	64	27	69
29	12	497 71	79	59	48	488 98	65

Angle de 152 degrés.

MINUTES.	Longueur de chaque TANGENTE.	ARC substitué aux deux Tangentes.	Partie extérieure de la SÉCANTE.	MINUTES.	Longueur de chaque TANGENTE.	ARC substitué aux deux Tangentes.	Partie extérieure de la SÉCANTE.
0	249 33	488 69	30 61	30	244 70	479 97	29 50
1	17	40	57	31	55	67	46
2	02	11	54	32	39	38	43
3	248 87	487 82	50	33	24	09	39
4	71	53	46	34	08	478 80	36
5	56	24	42	35	243 93	51	32
6	40	486 95	39	36	78	22	28
7	25	66	35	37	62	477 93	25
8	09	37	31	38	47	64	21
9	247 94	07	28	39	31	35	18
10	79	485 78	24	40	16	06	14
11	63	49	20	41	01	476 77	10
12	48	20	17	42	242 85	48	07
13	32	484 91	13	43	70	18	03
14	17	62	09	44	54	475 89	00
15	01	33	05	45	39	60	28 96
16	246 86	04	02	46	24	31	92
17	71	483 75	29 98	47	08	02	89
18	55	46	94	48	241 93	474 73	85
19	40	17	91	49	77	44	82
20	24	482 87	87	50	62	15	78
21	09	58	83	51	47	473 86	74
22	245 93	29	80	52	31	57	71
23	78	00	76	53	16	28	67
24	63	481 71	72	54	00	472 98	64
25	47	42	68	55	240 85	69	60
26	32	13	65	56	70	40	56
27	16	480 84	61	57	54	11	53
28	01	55	57	58	39	471 82	49
29	244 85	26	54	59	23	53	46

Angle de 153 degrés.

MINUTES.	Longueur de chaque TANGENTE.	ARC substitué aux deux Tangentes.	Partie extérieure de la SÉCANTE.	MINUTES.	Longueur de chaque TANGENTE.	ARC substitué aux deux Tangentes.	Partie extérieure de la SÉCANTE.
0	240 08	471 24	28 42	30	235 47	462 51	27 35
1	239 93	470 95	39	31	32	22	31
2	77	66	35	32	16	461 93	28
3	62	37	31	33	01	64	24
4	47	08	28	34	234 86	35	21
5	31	469 79	24	35	70	06	17
6	16	49	21	36	55	460 77	14
7	01	20	17	37	40	48	10
8	238 85	468 91	14	38	24	19	07
9	70	62	10	39	09	459 89	03
10	54	33	06	40	233 94	60	00
11	39	04	03	41	78	31	26 96
12	24	467 75	27 99	42	63	02	93
13	08	46	96	43	48	458 73	89
14	237 93	17	92	44	32	44	86
15	78	466 88	89	45	17	15	82
16	62	59	85	46	02	457 86	79
17	47	29	81	47	232 86	57	75
18	31	00	78	48	71	28	72
19	16	465 71	74	49	56	456 99	68
20	01	42	71	50	40	69	65
21	236 85	13	67	51	25	40	61
22	70	464 84	64	52	10	11	58
23	55	55	60	53	231 94	455 82	54
24	39	26	56	54	79	53	51
25	24	463 97	53	55	64	24	47
26	08	68	49	56	48	454 93	44
27	235 93	39	46	57	33	66	40
28	78	09	42	58	18	37	37
29	62	462 80	39	59	02	08	33

Angle de 154 degrés.

MINUTES.	Longueur de chaque TANGENTE.		ARC substitué aux deux Tangentes.		Partie extérieure de la SÉCANTE.		MINUTES.	Longueur de chaque TANGENTE.		ARC substitué aux deux Tangentes.		Partie extérieure de la SÉCANTE.	
0	230	87	453	79	26	30	30	226	28	445	06	25	28
1		72		50		27	31		13	444	77		25
2		56		20		23	32	225	97		48		21
3		41	452	91		20	33		82		19		18
4		26		62		16	34		67	443	90		15
5		10		33		13	35		51		60		11
6	329	95		04		10	36		36		31		08
7		80	451	75		06	37		21		02		05
8		65		46		03	38		06	442	73		01
9		49		17	25	99	39	224	90		44	24	98
10		34	450	88		96	40		75		15		95
11		19		59		93	41		60	441	86		91
12		03		30		89	42		44		57		86
13	228	88		00		86	43		29		28		85
14		73	449	71		82	44		14	440	99		81
15		57		42		79	45	223	98		70		78
16		42		13		76	46		83		40		75
17		27	448	84		72	47		68		11		71
18		12		55		69	48		53	439	82		68
19	227	96		26		65	49		37		53		65
20		81	447	97		62	50		22		24		61
21		66		68		59	51		07	438	95		58
22		50		39		55	52	222	91		66		55
23		35		10		52	53		76		37		51
24		20	446	80		48	54		61		08		48
25		04		51		45	55		45	437	79		45
26	226	89		22		42	56		30		50		41
27		74	445	93		38	57		15		20		38
28		59		64		35	58		00	436	91		35
29		43		35		31	59	221	87		62		31

Angle de 155 degrés.

MINUTES.	Longueur de chaque TANGENTE.		ARC substitué aux deux Tangentes.		Partie extérieure de la SÉCANTE.		MINUTES.	Longueur de chaque TANGENTE.		ARC substitué aux deux Tangentes.		Partie extérieure de la SÉCANTE.	
0	221	69	436	33	24	28	30	217	12	427	61	23	30
1		54		04		25	31	216	97		32		27
2		38	435	75		22	32		82		02		24
3		23		46		18	33		66	426	73		20
4		08		17		15	34		51		44		17
5	220	93	434	88		12	35		36		15		14
6		78		59		08	36		21	425	86		11
7		62		30		05	37		06		57		08
8		47		01		02	38	215	90		28		04
9		32	433	71	23	99	39		75	424	99		01
10		17		42		95	40		60		70	22	98
11		01		13		92	41		45		41		95
12	219	86	432	84		89	42		30		12		92
13		71		55		86	43		14	423	82		88
14		56		26		82	44	214	99		53		85
15		40	431	97		79	45		84		24		82
16		25		68		76	46		69	422	95		79
17		10		39		73	47		54		66		76
18	218	95		10		69	48		38		37		72
19		80	430	81		66	49		23		08		69
20		64		51		63	50		08	421	79		66
21		49		22		59	51	213	93		50		63
22		34	429	93		56	52		78		21		60
23		19		64		53	53		62	420	92		56
24		03		35		50	54		47		62		53
25	217	88		06		46	55		32		32		50
26		73	428	77		43	56		17		04		47
27		58		48		40	57		02	419	75		44
28		42		19		37	58	212	86		46		40
29		27	427	90		33	59		71		17		37

Angle de 156 degrés.

MINUTES.	Longueur de chaque TANGENTE	ARC substitué aux deux Tangentes.	Partie extérieure de la SÉCANTE.	MINUTES.	Longueur de chaque TANGENTE.	ARC substitué aux deux Tangentes.	Partie extérieure de la SÉCANTE.
0	212 56	418 88	22 34	30	208 00	410 15	21 40
1	41	59	31	31	207 85	409 86	37
2	26	30	28	32	70	57	34
3	10	01	25	33	55	28	31
4	211 95	417 72	21	34	39	408 99	28
5	80	42	18	35	24	70	25
6	65	13	15	36	09	41	22
7	50	416 84	12	37	206 94	12	19
8	34	55	09	38	79	407 83	16
9	19	26	06	39	64	53	13
10	04	415 97	03	40	48	24	10
11	210 89	68	21 99	41	33	406 95	07
12	74	39	96	42	18	66	04
13	58	10	93	43	03	37	01
14	43	414 81	90	44	205 88	08	20 97
15	28	52	87	45	73	405 79	94
16	13	22	84	46	57	50	91
17	209 98	413 93	81	47	42	21	88
18	82	64	78	48	27	404 92	85
19	67	35	74	49	12	63	82
20	52	06	71	50	204 97	33	79
21	37	412 67	68	51	82	04	76
22	22	48	65	52	66	403 75	73
23	06	19	62	53	51	46	70
24	208 91	411 90	59	54	36	17	67
25	76	61	56	55	21	402 88	64
26	61	32	53	56	06	59	61
27	46	02	49	57	203 91	30	58
28	30	410 73	46	58	75	01	55
29	15	44	43	59	60	401 72	52

Angle de 157 degrés.

MINUTES.	Longueur de chaque TANGENTE.	ARC substitué aux deux Tangentes.	Partie extérieur de la SÉCANTE.	MINUTES.	Longueur de chaque TANGENTE.	ARC substitué aux deux Tangentes.	Partie extérieure de la SÉCANTE.
0	203 45	401 43	20 49	30	198 91	392 70	19 59
1	30	14	46	31	76	41	56
2	15	400 84	43	32	61	12	53
3	00	55	40	33	46	391 83	50
4	202 84	26	37	34	31	54	47
5	69	399 97	34	35	15	24	44
6	54	68	31	36	00	390 95	42
7	39	39	28	37	197 85	66	39
8	24	10	25	38	70	37	36
9	09	398 81	22	39	55	08	33
10	201 94	52	19	40	40	389 79	30
11	78	23	16	41	25	50	27
12	63	397 94	13	42	10	21	24
13	48	64	10	43	196 95	388 92	21
14	33	35	07	44	80	63	18
15	18	06	04	45	64	35	15
16	03	396 77	01	46	49	04	13
17	200 88	48	19 98	47	34	387 75	10
18	73	19	95	48	19	46	07
19	57	395 90	92	49	04	17	04
20	42	61	89	50	195 89	386 88	01
21	27	32	86	51	74	59	18 98
22	12	03	83	52	59	30	95
23	199 97	394 74	80	53	44	01	92
24	82	44	77	54	29	385 72	89
25	67	15	74	55	13	43	86
26	52	393 86	71	56	194 98	14	84
27	36	57	68	57	83	384 85	81
28	21	28	65	58	68	55	78
29	06	392 99	62	59	53	26	75

TANGENTES, ARCS ET SÉCANTES.

Angle de 158 degrés.

MINUTES.	Longueur de chaque TANGENTE.	ARC substitué aux deux Tangentes.	Partie extérieure de la SÉCANTE.	MINUTES.	Longueur de chaque TANGENTE.	ARC substitué aux deux Tangentes.	Partie extérieure de la SÉCANTE.
0	194 38	383 97	18 72	30	189 86	375 25	17 86
1	23	68	69	31	71	374 96	83
2	08	39	66	32	56	66	81
3	193 93	10	63	33	41	37	78
4	78	382 81	61	34	26	08	75
5	63	52	58	35	11	373 79	72
6	48	23	55	36	188 96	50	69
7	33	381 94	52	37	81	21	67
8	18	65	49	38	66	372 92	64
9	02	35	46	39	50	63	61
10	192 87	06	43	40	35	34	58
11	72	380 77	41	41	20	05	56
12	57	48	38	42	05	371 76	53
13	42	19	35	43	187 90	46	50
14	27	379 90	32	44	75	17	47
15	12	61	29	45	60	370 88	45
16	191 97	32	26	46	45	59	42
17	82	03	23	47	30	30	39
18	67	378 74	20	48	15	01	36
19	52	45	18	49	00	369 72	33
20	37	16	15	50	186 85	43	31
21	22	377 86	12	51	70	14	28
22	07	57	09	52	55	368 85	25
23	190 94	28	06	53	39	56	22
24	76	376 99	03	54	24	26	20
25	61	70	00	55	09	367 97	17
26	46	41	17 97	56	185 94	68	14
27	31	12	95	57	79	39	11
28	16	375 83	92	58	64	10	09
29	01	54	89	59	49	366 81	06

Angle de 159 degrés.

MINUTES.	Longueur de chaque TANGENTE.	ARC substitué aux deux Tangentes.	Partie extérieure de la SÉCANTE.	MINUTES.	Longueur de chaque TANGENTE.	ARC substitué aux deux Tangentes.	Partie extérieure de la SÉCANTE.
0	185 34	366 52	17 03	30	180 83	357 79	16 22
1	19	23	00	31	68	50	19
2	04	365 94	16 98	32	53	21	17
3	184 89	65	95	33	38	356 92	14
4	74	36	92	34	23	63	11
5	59	07	89	35	08	34	09
6	44	364 77	87	36	179 93	05	06
7	29	48	84	37	78	355 76	03
8	14	19	81	38	63	47	01
9	183 99	363 90	79	39	48	17	15 98
10	84	61	76	40	33	354 88	96
11	69	32	73	41	18	59	93
12	54	03	71	42	03	30	90
13	39	362 74	68	43	178 88	01	88
14	23	45	65	44	73	353 72	85
15	08	16	62	45	58	43	82
16	182 93	361 87	60	46	43	14	80
17	78	57	57	47	28	352 85	77
18	63	28	54	48	13	56	75
19	48	360 99	52	49	177 98	27	72
20	33	70	49	50	83	351 97	69
21	18	41	46	51	68	68	67
22	03	12	44	52	53	39	64
23	181 88	359 83	41	53	38	10	61
24	73	54	38	54	23	350 81	59
25	58	25	35	55	08	52	56
26	43	358 96	33	56	176 93	23	54
27	28	67	30	57	78	349 94	51
28	13	37	27	58	63	65	48
29	180 98	08	25	59	48	36	46

9.

TANGENTES, ARCS ET SÉCANTES.

Angle de 160 degrés.

MINUTES.	Longueur de chaque TANGENTE.		ARC substitué aux deux Tangentes.		Partie extérieure de la SÉCANTE.		MINUTES.	Longueur de chaque TANGENTE.		ARC substitué aux deux Tangentes.		Partie extérieure de la SÉCANTE.	
0	176	33	349	07	15	43	30	171	83	340	34	14	66
1		18	348	78		41	31		68		05		63
2		03		48		38	32		53	339	76		61
3	175	88		19		35	33		38		47		58
4		73	347	90		33	34		23		18		56
5		58		61		30	35		08	338	89		53
6		43		32		28	36	170	93		59		51
7		28		03		25	37		78		30		48
8		13	346	74		23	38		63		01		46
9	174	98		45		20	39		48	337	72		43
10		83		16		17	40		33		43		41
11		68	345	87		15	41		18		14		38
12		53		58		12	42		03	336	85		36
13		38		28		10	43	169	88		56		33
14		23	344	99		07	44		74		27		31
15		08		70		05	45		59	335	98		29
16	173	93		41		02	46		44		69		26
17		78		12	14	99	47		29		39		23
18		63	343	83		97	48		14		10		21
19		48		54		94	49	168	99	334	81		18
20		33		25		92	50		84		52		16
21		18	342	96		89	51		69		23		13
22		03		67		87	52		54	333	94		11
23	172	88		38		84	53		39		65		08
24		73		08		81	54		24		36		06
25		58	341	79		79	55		09		07		03
26		43		50		76	56	167	94	332	78		01
27		28		21		74	57		79		49	13	98
28		13	340	92		71	58		64		19		96
29	171	98		63		69	59		49	331	90		93

Angle de 161 degrés.

MINUTES.	Longueur de chaque TANGENTE.	ARC substitué aux deux Tangentes.	Partie extérieure de la SÉCANTE.	MINUTES.	Longueur de chaque TANGENTE.	ARC substitué aux deux Tangentes.	Partie extérieure de la SÉCANTE.
0	167 34	331 61	13 91	30	162 86	322 89	13 17
1	19	32	89	31	71	60	15
2	04	03	86	32	56	30	12
3	166 89	330 74	84	33	41	01	10
4	74	45	81	34	26	321 72	08
5	59	16	79	35	11	43	05
6	44	329 87	76	36	161 96	14	03
7	29	58	74	37	81	320 85	01
8	14	29	71	38	66	56	12 98
9	00	00	69	39	52	27	96
10	165 85	328 70	66	40	37	319 98	94
11	70	41	64	41	22	69	91
12	55	12	61	42	07	40	89
13	40	327 83	59	43	160 92	10	87
14	25	54	57	44	77	318 81	84
15	10	25	54	45	62	52	82
16	164 95	326 96	52	46	47	23	80
17	80	67	49	47	32	317 94	77
18	65	38	47	48	17	65	75
19	50	09	44	49	02	36	73
20	35	325 80	42	50	159 87	07	70
21	20	50	39	51	72	316 78	68
22	05	21	37	52	57	49	66
23	163 91	324 92	34	53	43	20	63
24	76	63	32	54	28	315 90	61
25	61	34	29	55	13	61	59
26	46	05	27	56	158 98	32	56
27	31	323 76	24	57	83	03	54
28	16	47	22	58	68	314 74	52
29	01	18	19	59	53	45	49

Angle de 162 degrés.

MINUTES.	Longueur de chaque TANGENTE.	ARC substitué aux deux Tangentes.	Partie extérieure de la SÉCANTE.	MINUTES.	Longueur de chaque TANGENTE.	ARC substitué aux deux Tangentes.	Partie extérieure de la SÉCANTE.
0	158 38	314 16	12 47	30	153 91	305 43	11 78
1	23	313 87	45	31	76	14	76
2	08	58	42	32	61	304 85	73
3	157 93	29	40	33	46	56	71
4	78	00	38	34	32	27	69
5	63	312 71	35	35	17	303 98	67
6	49	41	33	36	02	69	65
7	34	12	31	37	152 87	40	62
8	19	311 83	29	38	72	11	60
9	04	54	26	39	57	302 81	58
10	156 89	25	24	40	42	52	56
11	74	310 96	22	41	28	23	53
12	59	67	19	42	13	301 94	51
13	44	38	17	43	151 98	65	49
14	29	09	15	44	83	36	47
15	14	309 80	12	45	68	07	44
16	00	51	10	46	53	300 78	42
17	155 85	21	08	47	38	49	40
18	70	308 92	06	48	23	20	38
19	55	63	03	49	09	299 91	36
20	40	34	01	50	150 94	61	33
21	25	05	11 98	51	79	32	31
22	10	307 76	96	52	64	03	29
23	154 95	47	94	53	49	298 74	27
24	80	18	92	54	34	45	24
25	65	306 89	89	55	19	16	22
26	51	60	87	56	04	297 87	20
27	36	31	85	57	149 90	58	18
28	21	01	83	58	75	29	15
29	06	305 72	80	59	60	00	13

Angle de 163 degrés.

MINUTES.	Longueur de chaque TANGENTE.		ARC substitué aux deux Tangentes.		Partie extérieure de la SÉCANTE.		MINUTES.	Longueur de chaque TANGENTE.		ARC substitué aux deux Tangentes.		Partie extérieure de la SÉCANTE.	
0	149	45	296	71	11	11	30	144	99	287	98	10	46
1		30		42		09	31		84		69		44
2		15		12		07	32		69		40		42
3		00	295	83		05	33		54		11		40
4	148	86		54		02	34		40	286	82		38
5		71		25		00	35		25		53		35
6		56	294	96	10	98	36		10		23		33
7		41		67		96	37	143	95	285	94		31
8		26		38		94	38		80		65		29
9		11		09		92	39		65		36		27
10	147	96	293	80		89	40		51		07		25
11		82		51		87	41		36	284	78		23
12		67		22		85	42		21		49		21
13		52	292	92		83	43		06		20		19
14		37		63		81	44	142	91	283	91		17
15		22		34		79	45		76		62		14
16		07		05		76	46		62		33		12
17	146	92	291	76		74	47		47		03		10
18		77		37		72	48		32	282	74		08
19		63		18		70	49		17		45		06
20		48	290	89		68	50		02		16		04
21		33		60		66	51	141	87	281	87		02
22		18		31		63	52		73		58		00
23		03		02		61	53		58		29	9	98
24	145	88	289	73		59	54		43		00		96
25		73		43		57	55		28	280	71		93
26		58		14		55	56		13		42		91
27		44	288	85		53	57	140	98		13		89
28		29		56		50	58		84	279	83		87
29		14		27		48	59		69		54		85

Angle de 164 degrés.

MINUTES.	Longueur de chaque TANGENTE	ARC substitué aux deux Tangentes.	Partie extérieure de la SÉCANTE.	MINUTES.	Longueur de chaque. TANGENTE.	ARC substitué aux deux Tangentes.	Partie extérieure de la SÉCANTE.
0	140 54	279 25	9 83	30	136 09	270 53	9 22
1	39	278 96	81	31	135 94	24	20
2	24	67	79	32	79	269 94	18
3	09	38	77	33	65	65	16
4	139 95	09	75	34	50	36	14
5	80	277 80	73	35	35	07	12
6	65	51	71	36	20	268 78	10
7	50	22	69	37	05	49	08
8	35	276 93	67	38	134 91	20	06
9	20	64	65	39	76	267 91	04
10	06	34	63	40	61	62	02
11	138 91	05	61	41	46	33	00
12	76	275 76	59	42	31	04	8 98
13	61	47	57	43	17	266 74	96
14	46	18	54	44	02	45	95
15	31	274 89	52	45	133 87	16	93
16	17	60	50	46	72	265 87	91
17	02	31	48	47	57	58	89
18	137 87	02	46	48	43	29	87
19	72	273 73	44	49	28	00	85
20	57	44	42	50	13	264 71	83
21	42	14	40	51	132 98	42	81
22	28	272 85	38	52	83	13	79
23	13	56	36	53	69	263 84	77
24	136 98	27	34	54	54	54	75
25	83	271 98	32	55	39	25	73
26	68	69	30	56	24	262 96	71
27	53	40	28	57	09	67	69
28	39	11	26	58	131 95	38	67
29	24	270 82	24	59	80	09	65

Angle de 165 degrés.

MINUTES.	Longueur de chaque TANGENTE.	ARC substitué aux deux Tangentes.	Partie extérieur de la SÉCANTE.	MINUTES.	Longueur de chaque TANGENTE.	ARC substitué aux deux Tangentes.	Partie extérieure de la SÉCANTE.
0	131 65	261 80	8 63	30	127 22	253 07	8 06
1	50	51	61	31	07	252 78	04
2	36	22	59	32	126 92	49	02
3	21	260 93	57	33	78	20	00
4	06	63	55	34	63	251 91	7 99
5	130 91	34	53	35	48	62	97
6	76	05	52	36	33	33	95
7	62	259 76	50	37	18	03	93
8	47	47	48	38	04	250 74	91
9	32	18	46	39	125 89	45	89
10	17	258 89	44	40	74	16	88
11	02	60	42	41	59	249 87	86
12	129 88	31	40	42	44	58	84
13	73	02	38	43	30	29	82
14	58	257 73	36	44	15	00	80
15	44	43	34	45	00	248 71	78
16	29	14	33	46	124 85	42	77
17	14	256 85	31	47	70	13	75
18	128 99	56	29	48	56	247 84	73
19	84	27	27	49	41	55	71
20	70	255 98	25	50	26	26	69
21	55	69	23	51	11	246 96	67
22	40	40	21	52	123 96	67	66
23	25	11	19	53	82	38	64
24	11	254 82	17	54	67	09	62
25	127 96	53	15	55	52	245 80	60
26	81	23	14	56	37	51	58
27	66	253 94	12	57	22	22	56
28	52	65	10	58	08	244 93	55
29	37	36	08	59	122 93	64	53

Angle de 166 degrés.

MINUTES.	Longueur de chaque TANGENTE.	ARC substitué aux deux Tangentes.	Partie extérieure de la SÉCANTE.	MINUTES.	Longueur de chaque TANGENTE.	ARC substitué aux deux Tangentes.	Partie extérieure de la SÉCANTE.
0	122 78	244 35	7 51	30	118 36	235 62	6 98
1	63	06	49	31	21	33	96
2	48	243 76	48	32	06	04	95
3	34	47	46	33	117 92	234 75	93
4	19	18	44	34	77	46	91
5	04	242 89	42	35	62	17	89
6	121 90	60	40	36	48	233 87	88
7	75	31	39	37	33	59	86
8	60	02	37	38	18	29	84
9	45	241 73	35	39	03	00	83
10	31	44	33	40	116 89	232 71	81
11	16	15	32	41	74	42	79
12	01	240 86	30	42	59	13	78
13	120 86	57	28	43	44	231 84	76
14	72	27	26	44	30	55	74
15	57	239 98	25	45	15	26	72
16	42	69	23	46	00	230 97	71
17	27	40	21	47	115 85	67	69
18	13	10	19	48	71	38	67
19	119 98	238 82	17	49	56	09	66
20	83	53	16	50	41	229 80	64
21	69	24	14	51	27	51	62
22	54	237 95	12	52	12	22	61
23	39	66	10	53	114 97	228 93	59
24	24	37	09	54	82	64	57
25	10	07	07	55	68	35	55
26	118 95	236 78	05	56	53	06	54
27	80	49	03	57	38	227 77	52
28	65	20	02	58	23	47	50
29	51	235 91	00	59	09	18	49

Angle de 167 degrés.

MINUTES.	Longueur de chaque TANGENTE.	ARC substitué aux deux Tangentes.	Partie extérieure de la SÉCANTE.	MINUTES.	Longueur de chaque TANGENTE.	ARC substitué aux deux Tangentes.	Partie extérieure de la SÉCANTE.
0	113 94	226 89	6 47	30	109 52	218 17	5 98
1	79	60	45	31	37	217 88	97
2	64	31	44	32	22	58	95
3	50	02	42	33	08	29	93
4	35	225 73	40	34	108 93	00	92
5	20	44	39	35	78	216 71	90
6	06	15	37	36	64	42	89
7	112 91	224 86	35	37	49	13	87
8	76	57	34	38	34	215 84	86
9	61	28	32	39	19	55	84
10	47	223 98	31	40	05	26	82
11	32	69	29	41	107 90	214 97	81
12	17	40	27	42	75	68	79
13	02	11	26	43	60	38	78
14	111 88	222 82	24	44	46	09	76
15	73	53	22	45	31	213 80	75
16	58	24	21	46	16	51	73
17	43	221 95	19	47	01	22	71
18	29	66	18	48	106 87	212 93	70
19	14	37	16	49	72	64	68
20	110 99	08	14	50	57	35	67
21	85	220 78	13	51	43	06	65
22	70	49	11	52	28	211 77	64
23	55	20	09	53	13	48	62
24	40	219 91	08	54	105 98	18	60
25	26	62	06	55	84	210 89	59
26	11	33	05	56	69	60	57
27	109 96	04	03	57	54	31	56
28	84	218 75	01	58	39	02	54
29	67	46	00	59	25	209 73	53

Angle de 168 degrés.

MINUTES.	Longueur de chaque TANGENTE.	ARC substitué aux deux Tangentes.	Partie extérieure de la SÉCANTE.	MINUTES.	Longueur de chaque TANGENTE.	ARC substitué aux deux Tangentes.	Partie extérieure de la SÉCANTE.
0	105 10	209 44	5 51	30	100 69	200 71	5 06
1	104 95	15	49	31	54	42	04
2	81	208 86	48	32	40	13	03
3	66	57	46	33	25	199 84	02
4	51	28	45	34	10	55	00
5	36	207 99	43	35	99 96	26	4 99
6	22	69	42	36	81	198 97	97
7	07	40	40	37	66	68	96
8	103 92	11	39	38	57	39	94
9	78	206 82	37	39	37	10	93
10	63	53	36	40	22	197 80	92
11	48	24	34	41	08	51	90
12	34	205 95	33	42	98 93	22	89
13	19	66	31	43	78	196 93	87
14	04	37	30	44	64	64	86
15	102 89	08	28	45	49	35	84
16	75	204 79	27	46	34	06	83
17	60	49	25	47	20	195 77	82
18	45	20	24	48	05	48	80
19	31	203 91	22	49	97 90	19	79
20	16	62	21	50	76	194 90	77
21	01	33	19	51	61	60	76
22	101 87	04	18	52	46	31	74
23	72	202 75	16	53	32	02	73
24	57	46	15	54	17	193 73	72
25	42	17	13	55	02	44	70
26	28	201 88	12	56	96 88	15	69
27	13	59	10	57	73	192 86	67
28	100 98	29	09	58	58	57	66
29	84	00	07	59	44	28	64

Angle de 169 degrés.

MINUTES.	Longueur de chaque TANGENTE.	ARC substitué aux deux Tangentes.	Partie extérieure de la SÉCANTE.	MINUTES.	Longueur de chaque TANGENTE.	ARC substitué aux deux Tangentes.	Partie extérieure de la SÉCANTE.
0	96 29	191 99	4 63	30	91 89	183 26	4 21
1	14	70	62	31	74	182 97	20
2	00	41	60	32	60	68	18
3	95 85	11	59	33	45	39	17
4	70	190 82	57	34	30	10	16
5	56	53	56	35	16	181 81	14
6	41	24	55	36	01	51	13
7	26	189 95	53	37	90 86	22	12
8	12	66	52	38	72	180 93	11
9	94 97	37	50	39	57	64	09
10	82	08	49	40	42	35	08
11	68	188 79	48	41	28	06	07
12	53	50	46	42	13	179 77	05
13	38	21	45	43	89 98	48	04
14	24	187 91	43	44	84	19	03
15	09	62	42	45	69	178 90	01
16	93 94	33	41	46	54	61	00
17	80	04	39	47	40	31	3 99
18	65	186 75	38	48	25	02	98
19	50	46	36	49	10	177 73	96
20	36	17	35	50	88 96	44	95
21	21	185 88	34	51	81	15	94
22	06	59	32	52	66	176 86	92
23	92 92	30	31	53	52	57	91
24	77	01	29	54	37	28	90
25	62	184 71	28	55	22	175 99	88
26	48	42	27	56	08	70	87
27	33	13	25	57	87 93	41	86
28	18	183 84	24	58	78	11	85
29	04	55	22	59	64	174 82	83

TANGENTES, ARCS ET SÉCANTES.

Angle de 170 degrés.

MINUTES.	Longueur de chaque TANGENTE.	ARC substitué aux deux Tangentes.	Partie extérieure de la SÉCANTE.	MINUTES.	Longueur de chaque TANGENTE.	ARC substitué aux deux Tangentes.	Partie extérieure de la SÉCANTE.
0	87 49	174 53	3 82	30	83 09	165 81	3 45
1	34	24	81	31	82 94	52	44
2	20	173 95	79	32	80	22	43
3	05	66	78	33	65	164 93	41
4	86 90	37	77	34	50	64	40
5	76	08	76	35	36	35	39
6	61	172 79	75	36	21	06	38
7	46	50	73	37	06	163 77	37
8	32	21	72	38	81 92	48	35
9	17	171 92	71	39	77	19	34
10	02	62	70	40	63	162 90	33
11	85 88	33	68	41	48	61	32
12	73	04	67	42	33	32	31
13	58	170 75	66	43	19	02	29
14	44	46	65	44	04	161 73	28
15	29	17	63	45	80 89	44	27
16	14	169 88	62	46	75	15	26
17	00	59	61	47	60	160 86	25
18	84 85	30	60	48	46	57	23
19	70	01	59	49	31	28	22
20	56	168 72	57	50	16	159 99	21
21	41	42	56	51	02	70	20
22	26	13	55	52	79 87	41	19
23	12	167 84	54	53	72	12	17
24	83 97	55	52	54	58	158 83	16
25	82	26	51	55	43	53	15
26	68	166 97	50	56	29	24	14
27	53	68	49	57	14	157 95	13
28	38	39	47	58	78 99	66	11
29	24	10	46	59	85	37	10

Angle de 171 degrés.

MINUTES.	Longueur de chaque TANGENTE.	ARC substitué aux deux Tangentes.	Partie extérieure de la SÉCANTE.	MINUTES.	Longueur de chaque TANGENTE.	ARC substitué aux deux Tangentes.	Partie extérieure de la SÉCANTE.
0	78 70	157 08	3 09	30	74 31	148 98	2 76
1	55	156 79	08	31	16	06	75
2	41	50	07	32	02	147 77	74
3	26	21	06	33	73 87	48	73
4	11	155 92	05	34	73	19	72
5	77 97	63	03	35	58	146 90	71
6	82	33	02	36	43	61	70
7	67	04	01	37	29	32	69
8	53	154 75	00	38	14	03	68
9	38	46	2 99	39	00	145 74	66
10	24	17	98	40	72 85	44	65
11	09	153 88	97	41	70	15	64
12	76 94	59	96	42	56	144 86	63
13	80	30	95	43	41	57	62
14	65	01	94	44	27	28	61
15	50	152 72	92	45	12	143 99	60
16	36	43	91	46	71 97	70	59
17	21	14	90	47	83	41	58
18	07	151 84	89	48	68	12	57
19	75 92	55	88	49	54	142 83	56
20	77	26	87	50	39	54	55
21	63	150 97	86	51	24	24	54
22	48	68	85	52	10	141 95	53
23	33	39	84	53	70 95	66	51
24	19	10	83	54	81	37	50
25	04	149 81	81	55	66	08	49
26	74 90	52	80	56	51	140 79	48
27	75	23	79	57	37	50	47
28	60	148 94	78	58	22	21	46
29	46	64	77	59	08	139 92	45

Angle de 172 degrés.

MINUTES.	Longueur de chaque. TANGENTE		ARC substitué aux deux Tangentes.		Partie extérieure de la SÉCANTE.		MINUTES.	Longueur de chaque. TANGENTE		ARC substitué aux deux Tangentes.		Partie extérieure de la SÉCANTE.	
0	69	93	139	63	2	44	30	65	54	130	90	2	15
1		78		34		43	31		39		61		14
2		64		05		42	32		25		32		13
3		49	138	72		41	33		10		03		12
4		34		46		40	34	64	96	129	74		11
5		20		17		39	35		81		45		10
6		05	137	88		38	36		66		15		09
7	68	90		59		37	37		52	128	86		08
8		76		30		36	38		37		57		07
9		61		01		35	39		23		28		07
10		47	136	72		34	40		08	127	99		06
11		32		43		33	41	63	93		70		05
12		17		14		32	42		79		41		04
13		03	135	85		31	43		64		12		03
14	67	88		55		31	44		50	126	83		02
15		73		26		30	45		35		54		01
16		59	134	97		29	46		20		25		00
17		44		68		28	47		06	125	95	1	99
18		30		39		27	48	62	91		66		98
19		15		10		26	49		77		37		97
20		00	133	81		25	50		62		08		96
21	66	86		52		24	51		47	124	79		95
22		71		23		23	52		33		50		94
23		56	132	94		22	53		18		21		94
24		42		65		21	54		04	123	92		93
25		27		35		20	55	61	89		63		92
26		13		06		19	56		74		34		91
27	65	98	131	77		18	57		60		05		90
28		83		48		17	58		45	122	75		89
29		69		19		16	59		31		46		88

Angle de 173 degrés.

MINUTES.	Longueur de chaque TANGENTE.		ARC substitué aux deux Tangentes.		Partie extérieur de la SÉCANTE.		MINUTES.	Longueur de chaque TANGENTE.		ARC substitué aux deux Tangentes.		Partie extérieure de la SÉCANTE.	
0	61	16	122	17	1	87	30	56	78	113	45	1	61
1		01	121	88		86	31		64		16		60
2	60	87		59		85	32		49	112	86		59
3		72		30		84	33		34		57		59
4		58		01		84	34		20		28		58
5		43	120	72		83	35		05	111	99		57
6		28		43		82	36	55	91		70		56
7		14		14		81	37		76		41		55
8	59	99	119	85		80	38		62		12		55
9		85		56		79	39		47	110	83		54
10		70		26		78	40		32		54		53
11		55	118	97		78	41		18		25		52
12		41		68		77	42		03	109	96		51
13		26		39		76	43	54	89		67		51
14		12		10		75	44		74		34		50
15	58	97	117	81		74	45		60		08		49
16		82		52		73	46		45	108	79		48
17		68		23		72	47		30		50		47
18		53	116	94		71	48		16		21		47
19		39		65		71	49		01	107	92		46
20		24		36		70	50	53	87		63		45
21		09		06		69	51		72		34		44
22	57	95	115	77		68	52		58		05		43
23		80		48		67	53		43	106	76		43
24		66		19		66	54		28		47		42
25		51	114	90		65	55		14		17		41
26		36		61		64	56	52	99	105	88		40
27		22		32		64	57		85		59		39
28		07		03		63	58		70		30		39
29	56	93	113	74		62	59		56		01		38

Angle de 174 degrés.

MINUTES.	Longueur de chaque TANGENTE.		ARC substitué aux deux Tangentes.		Partie extérieure de la SÉCANTE.		MINUTES.	Longueur de chaque TANGENTE.		ARC substitué aux deux Tangentes.		Partie extérieure de la SÉCANTE.	
0	52	41	104	72	1	37	30	48	03	95	99	1	15
1		26		43		36	31	47	89		70		14
2		12		14		35	32		74		41		14
3	51	97	103	85		35	33		59		12		13
4		83		56		34	34		45	94	83		12
5		68		27		33	35		30		54		12
6		53	102	98		33	36		16		25		11
7		39		68		32	37		01	93	96		10
8		24		39		31	38	46	87		67		10
9		10		10		30	39		72		38		09
10	50	95	101	81		30	40		57		08		08
11		80		52		29	41		43	92	79		08
12		66		23		28	42		28		50		07
13		54	100	94		27	43		14		21		06
14		37		65		27	44	45	99	91	92		06
15		22		36		26	45		85		63		05
16		07		07		25	46		70		34		04
17	49	93	99	78		24	47		55		05		04
18		78		48		24	48		41	90	76		03
19		64		19		23	49		26		47		02
20		49	98	90		22	50		12		18		02
21		34		61		22	51	44	97	89	88		01
22		20		32		21	52		83		59		00
23		05		03		20	53		68		30		00
24	48	91	97	74		19	54		53		01	0	99
25		76		45		19	55		39	88	72		98
26		61		16		18	56		24		43		98
27		47	96	87		17	57		10		14		97
28		32		58		16	58	43	95	87	85		96
29		18		28		16	59		81		56		96

Angle de 175 degrés.

MINUTES.	Longueur de chaque TANGENTE.	ARC substitué aux deux Tangentes.	Partie extérieure de la SÉCANTE.	MINUTES.	Longueur de chaque TANGENTE.	ARC substitué aux deux Tangentes.	Partie extérieure de la SÉCANTE.
0	43 66	87 27	0 95	30	39 29	78 54	0 77
1	52	86 98	94	31	15	25	76
2	37	69	94	32	00	77 96	76
3	22	39	93	33	38 85	67	75
4	08	10	93	34	71	38	75
5	42 93	85 81	92	35	56	09	74
6	79	52	91	36	42	76 79	74
7	64	23	91	37	27	50	73
8	50	84 94	90	38	13	21	73
9	35	65	90	39	37 98	75 92	72
10	20	36	89	40	83	63	72
11	06	07	88	41	69	34	71
12	41 91	83 78	88	42	54	05	71
13	77	49	87	43	40	74 76	70
14	62	19	87	44	25	47	69
15	48	82 90	86	45	11	18	69
16	33	61	85	46	36 96	73 89	68
17	18	32	85	47	81	59	68
18	04	03	84	48	67	30	67
19	40 89	81 74	84	49	52	01	67
20	75	45	83	50	38	72 72	66
21	60	16	82	51	23	43	66
22	46	80 87	82	52	09	14	65
23	31	58	81	53	35 94	71 85	65
24	16	29	81	54	79	56	64
25	02	79 99	80	55	65	27	64
26	39 87	70	79	56	50	70 98	63
27	73	41	79	57	36	69	63
28	58	12	78	58	21	39	62
29	44	78 83	78	59	07	10	62

Angle de 176 degrés.

MINUTES.	Longueur de chaque TANGENTE.		ARC substitué aux deux Tangentes.		Partie extérieure de la SÉCANTE.	MINUTES.	Longueur de chaque TANGENTE.		ARC substitué aux deux Tangentes.		Partie extérieure de la SÉCANTE.
0	34	92	69	81	0 61	30	30	55	61	09	0 47
1		78		52	61	31		41	60	80	46
2		63		23	60	32		26		51	46
3		48	68	94	60	33		11		21	46
4		34		65	59	34	29	97	59	92	45
5		19		37	59	35		82		63	45
6		05		07	58	36		68		34	44
7	33	90	67	78	58	37		53		05	44
8		76		49	57	38		39	58	76	43
9		61		20	57	39		24		47	43
10		46	66	90	56	40		09		18	43
11		32		61	56	41	28	95	57	89	42
12		17		32	55	42		80		60	42
13		03		03	55	43		66		31	41
14	32	88	65	74	55	44		51		01	41
15		74		45	54	45		37	56	72	40
16		59		16	54	46		22		43	40
17		44	64	87	53	47		07		14	40
18		30		58	53	48	27	93	55	85	39
19		15		29	52	49		78		56	39
20		01		00	52	50		64		27	38
21	31	86	63	70	51	51		49	54	98	38
22		72		41	51	52		35		69	37
23		57		12	50	53		20		40	37
24		42	62	83	50	54		05		11	37
25		28		54	49	55	26	91	53	81	36
26		13		25	49	56		76		52	36
27	30	99	61	96	48	57		62		23	35
28		84		67	48	58		47	52	94	35
29		70		38	47	59		33		65	34

Angle de 177 degrés.

MINUTES.	Longueur de chaque TANGENTE.		ARC substitué aux deux Tangentes.		Partie extérieure de la SÉCANTE.		MINUTES.	Longueur de chaque TANGENTE.		ARC substitué aux deux Tangentes.		Partie extérieure de la SÉCANTE.	
0	26	18	52	36	0	34	30	21	81	43	63	0	24
1		04		07		34	31		67		34		24
2	55	89	51	78		33	32		52		05		23
3		74		49		33	33		38	42	76	-	23
4		60		20		33	34		23		47		23
5		45	50	91		32	35		09		18		23
6		31		62		32	36	20	94	41	89		22
7		16		32		32	37		80		60		22
8		02		03		31	38		65		31		22
9	24	87	49	74		31	39		51		02		21
10		72		45		31	40		36	40	72		21
11		58		16		30	41		21		43		21
12		43	48	87		30	42		07		14		20
13		29		58		30	43	19	92	39	85		20
14		14		29		29	44		78		56		20
15		00		00		29	45		63		27		20
16	23	85	47	71		29	46		49	38	98		19
17		71		42		28	47		34		69		19
18		56		12		28	48		20		40		19
19		41	42	83		28	49		05		11		18
20		27		54		27	50	18	91	37	82		18
21		12		25		27	51		76		52		18
22	22	98	45	96		27	52		62		23		18
23		83		67		26	53		47	36	94		17
24		69		38		26	54		33		65		17
25		54		09		26	55		18		36		17
26		40	44	80		25	56		04		07		16
27		25		51		25	57	17	89	35	78		16
28		11		22		25	58		75		49		16
29	21	96	43	92		24	59		60		20		15

Anglo de 178 degrés.

MINUTES.	Longueur de chaque TANGENTE.	ARC substitué aux deux Tangentes.	Partie extérieure de la SÉCANTE.	MINUTES.	Longueur de chaque TANGENTE.	ARC substitué aux deux Tangentes.	Partie extérieure de la SÉCANTE.
0	17 45	34 91	0 15	30	13 09	26 18	0 09
1	31	62	15	31	12 95	25 89	08
2	16	33	15	32	80	60	08
3	02	03	14	33	65	31	08
4	16 87	33 74	14	34	51	02	08
5	73	45	14	35	36	24 73	08
6	58	16	14	36	22	43	07
7	44	32 87	13	37	07	14	07
8	29	58	13	38	11 93	23 85	07
9	15	29	13	39	78	56	07
10	00	00	13	40	64	27	07
11	15 85	31 71	13	41	49	22 98	07
12	71	42	12	42	35	69	06
13	56	13	12	43	20	40	06
14	42	30 83	12	44	05	11	06
15	27	54	12	45	10 91	21 82	06
16	13	25	11	46	76	53	0
17	14 98	29 96	11	47	62	23	06
18	84	67	11	48	47	20 94	05
19	69	38	11	49	33	65	05
20	55	09	11	50	18	36	05
21	40	28 80	10	51	04	07	05
22	25	51	10	52	9 89	19 78	05
23	11	22	10	53	75	49	05
24	13 96	27 93	10	54	60	20	05
25	82	63	10	55	45	18 91	04
26	67	34	09	56	31	62	04
27	53	05	09	57	16	33	04
28	38	26 76	09	58	02	04	04
29	24	47	09	59	8 87	17 74	04

Angle de 179 degrés.

MINUTES.	Longueur de chaque TANGENTE	ARC substitué aux deux Tangentes.	Partie extérieure de la SÉCANTE.	MINUTES.	Longueur de chaque. TANGENTE.	ARC substitué aux deux Tangentes.	Partie extérieure de la SÉCANTE.
0	8 73	17 45	0 04	30	4 36	8 73	0 01
1	58	16	04	31	22	44	01
2	44	16 87	04	32	07	15	01
3	29	58	03	33	3 93	7 85	01
4	15	29	03	34	78	56	01
5	00	00	03	35	64	27	01
6	7 85	15 71	03	36	49	6 98	01
7	71	42	03	37	35	69	01
8	56	13	03	38	20	40	01
9	42	14 84	03	39	05	11	005
10	27	54	03	40	2 91	5 82	004
11	13	25	02	41	76	53	004
12	6 98	13 96	02	42	62	24	003
13	84	67	02	43	47	4 95	003
14	69	38	02	44	33	65	003
15	55	09	02	45	18	36	002
16	40	12 80	02	46	04	07	002
17	25	51	02	47	1 89	3 78	002
18	11	22	02,	48	75	49	002
19	5 96	11 93	02	49	60	20	001
20	82	64	02	50	45	2 91	001
21	67	35	02	51	31	62	001
22	53	05	01	52	16	33	001
23	38	10 76	01	53	02	04	001
24	24	47	01	54	0 87	1 75	0004
25	09	18	01	55	73	45	0003
26	4 95	9 89	01	56	58	16	0003
27	80	60	01	57	44	0 87	0002
28	65	31	01	58	29	58	0001
29	51	02	01	59	15	29	00005

III. — ORDONNÉES.

ABSCISSES mesurées à partir du point de tangence.	ORDONNÉES correspondantes.	ARCS cumulés à partir du point de tangence.	ABSCISSES mesurées à partir du point de tangence.	ORDONNÉES correspondantes.	ARCS cumulés à partir du point de tangence.
Rayon 5 mètres.			6^m32	2^m59	7^m »
0^m99	0^m10	1^m »	6 99	3 33	8 »
1 95	0 39	2 »	7 57	4 14	9 »
2 82	0 87	3 »	**Rayon 10 mètres.**		
4 59	1 52	4 »	1^m99	0^m20	2^m »
4 21	2 30	5 »	3 89	0 79	4 »
Rayon 6 mètres.			5 65	1 75	6 »
1^m »	0^m08	1^m »	7 17	3 03	8 »
1 96	0 33	2 »	8 41	4 60	10 »
2 88	0 73	3 »	**Rayon 12 mètres.**		
3 71	1 28	4 »	1^m99	0^m17	2^m »
4 44	1 96	5 »	3 93	0 66	4 »
5 05	2 76	6 »	5 75	1 47	6 »
Rayon 7 mètres.			7 42	2 57	8 »
1^m »	0^m07	1^m »	8 88	3 93	10 »
1 97	0 28	2 »	10 10	5 52	12 »
2 91	0 63	3 »	**Rayon 15 mètres.**		
3 79	1 11	4 »	1^m99	0^m13	2^m »
4 59	1 71	5 »	3 95	0 53	4 »
5 29	2 42	6 »	5 84	1 18	6 »
5 89	3 20	7 »	7 63	2 08	8 »
Rayon 8 mètres.			9 28	3 21	10 »
1^m »	0^m06	1^m »	10 76	4 55	12 »
1 98	0 25	2 »	12 05	6 07	14 »
2 93	0 56	3 »	**Rayon 20 mètres.**		
3 84	0 98	4 »	3^m97	0^m40	4 »
4 68	1 51	5 »	7 79	1 58	8 »
5 45	2 15	6 »	11 29	3 49	12 »
6 44	2 87	7 »	14 35	6 07	16 »
6 73	3 68	8 »	16 83	9 19	20 »
Rayon 9 mètres.			**Rayon 25 mètres.**		
1^m »	0^m06	1^m »	3^m98	0^m32	4^m »
1 98	0 22	2 »	7 86	1 27	8 »
2 94	0 50	3 »	11 54	2 83	12 »
3 87	0 87	4 »	14 93	4 95	16 »
4 75	1 35	5 »	17 93	7 58	20 »
5 57	1 93	6 »	20 48	10 66	24 »

ABSCISSES mesurées à partir du point de tangence.	ORDONNÉES correspondantes.	ARCS cumulés à partir du point de tangence.
Rayon 30 mètres.		
3m99	0m27	4m »
7 91	1 06	8 »
11 68	2 37	12 »
15 25	4 17	16 »
18 55	6 42	20 »
21 52	9 10	24 »
24 11	12 15	28 »
26 27	15 50	32 »
Rayon 35 mètres.		
3m99	0m23	4m »
7 93	0 91	8 »
11 77	2 04	12 »
15 45	3 59	16 »
18 93	5 56	20 »
22 16	7 91	24 »
25 11	10 62	28 »
27 72	13 64	32 »
29 98	16 94	36 »
Rayon 40 mètres.		
3m99	0m20	4m »
7 95	0 80	8 »
11 82	1 79	12 »
15 58	3 16	16 »
19 18	4 90	20 »
22 59	6 99	24 »
25 77	9 41	28 »
28 69	12 13	32 »
31 33	15 14	36 »
33 66	18 39	40 »
Rayon 45 mètres.		
3m99	0m18	4m »
7 96	0 71	8 »
11 86	1 59	12 »
15 66	2 81	16 »
19 35	4 37	20 »
22 88	6 25	24 »
26 23	8 43	28 »
29 37	10 91	32 »
32 28	13 65	36 »
34 94	16 64	40 »
37 32	19 85	44 »
39 41	23 28	48 »
Rayon 50 mètres.		
4m »	0m16	4m »
7 97	0 64	8 »
11 89	1 43	12 »
15 73	2 54	16 »
19 47	3 95	20 »
23 09	5 65	24 »
26 56	7 64	28 »
29 86	9 90	32 »
32 97	12 41	36 »
35 87	15 16	40 »
38 54	18 14	44 »
40 96	21 32	48 »
43 12	24 69	52 »
Rayon 60 mètres.		
4m »	0m13	4m »
7 98	0 53	8 »
11 92	1 20	12 »
15 81	2 12	16 »
19 63	3 30	20 »
23 37	4 74	24 »
26 99	6 42	28 »
30 50	8 33	32 »
33 88	10 48	36 »
37 10	12 85	40 »
40 16	15 42	44 »
43 04	18 20	48 »
45 73	22 09	52 »
48 22	24 29	56 »
50 49	27 58	60 »
Rayon 70 mètres.		
4m »	0m11	4m »
7 98	0 46	8 »

ABSCISSES mesurées à partir du point de tangence.	ORDONNÉES correspondantes.	ARCS cumulés à partir du point de tangence.	ABSCISSES mesurées à partir du point de tangence.	ORDONNÉES correspondantes.	ARCS cumulés à partir du point de tangence.
11^m94	1^m03	12^m »	24^m68	3^m45	25^m »
15 86	1 82	16 »	29 45	4 95	30 »
19 73	2 84	20 »	34 12	6 72	35 »
23 53	4 07	24 »	38 70	8 74	40 »
27 26	5 53	28 »	43 15	11 02	45 »
30 90	7 19	32 »	47 47	13 54	50 »
34 43	9 05	36 »	51 64	16 29	55 »
37 86	11 12	40 »	55 65	19 27	60 »
41 16	13 38	44 »	59 49	22 47	65 »
44 33	15 82	48 »	63 15	25 87	70 »
47 35	18 44	52 »	66 62	29 42	75 »
50 21	21 23	56 »	69 87	33 28	80 »
52 92	24 18	60 »	72 91	37 21	85 »
55 45	27 28	64 »	75 75	41 37	90 »
57 80	30 51	68 »	78 32	45 65	95 »
59 96	33 88	72 »			

Rayon 80 mètres.

ABSCISSES mesurées à partir du point de tangence.	ORDONNÉES correspondantes.	ARCS cumulés à partir du point de tangence.
5^m »	0^m16	5^m »
9 97	0 62	10 »
14 91	1 40	15 »
19 79	2 49	20 »
24 59	3 87	25 »
29 30	5 56	30 »
33 89	7 53	35 »
38 35	9 79	40 »
42 66	12 33	45 »
46 81	15 12	50 »
50 77	18 17	55 »
54 53	21 46	60 »
58 08	24 99	65 »
61 40	28 72	70 »
64 49	32 66	75 »
67 34	36 78	80 »
69 89	41 06	85 »

Rayon 90 mètres.

ABSCISSES mesurées à partir du point de tangence.	ORDONNÉES correspondantes.	ARCS cumulés à partir du point de tangence.
5^m »	0^m14	5 »
9 98	0 56	10 »
14 93	1 25	15 »
19 84	2 21	20 »

Rayon 100 mètres.

ABSCISSES mesurées à partir du point de tangence.	ORDONNÉES correspondantes.	ARCS cumulés à partir du point de tangence.
5^m »	0^m12	5^m »
9 98	0 50	10 »
14 94	1 12	15 »
19 87	1 99	20 »
24 74	3 11	25 »
29 55	4 47	30 »
34 29	6 06	35 »
38 94	7 89	40 »
43 50	9 96	45 »
47 94	12 24	50 »
52 27	14 75	55 »
56 46	17 47	60 »
60 52	20 39	65 »
64 42	23 52	70 »
68 16	26 83	75 »
71 74	30 33	80 »
75 13	34 »	85 »
78 33	37 84	90 »
81 34	41 83	95 »
84 15	45 97	100 »
86 74	50 24	105 »

Rayon 110 mètres.

ABSCISSES mesurées à partir du point de tangence.	ORDONNÉES correspondantes.	ARCS cumulés à partir du point de tangence.
9^m99	0^m45	10^m »
19 89	1 81	20 »

ABSCISSES mesurées à partir du point de tangence.	ORDONNÉES correspondantes.	ARCS cumulés à partir du point de tangence.
29m63	4m07	30m »
39 12	7 19	40 »
48 30	11 17	50 »
57 07	15 96	60 »
65 37	21 53	70 »
73 13	27 83	80 »
80 29	34 81	90 »
86 78	42 41	100 »
92 56	50 57	110 »
Rayon 120 mètres.		
9m99	0m42	10m »
19 91	1 66	20 »
29 69	3 73	30 »
39 26	6 61	40 »
48 57	10 27	50 »
57 53	14 69	60 »
66 10	19 84	70 »
74 20	25 69	80 »
81 80	32 20	90 »
88 82	39 31	100 »
95 23	46 99	110 »
100 98	55 16	120 »
Rayon 130 mètres.		
9m99	0m38	10m »
19 92	1 54	20 »
29 73	3 45	30 »
39 37	6 11	40 »
48 78	9 50	50 »
57 89	13 60	60 »
66 67	18 40	70 »
75 05	23 85	80 »
82 98	29 93	90 »
96 43	36 59	100 »
97 34	43 83	110 »
103 67	51 56	120 »
109 42	59 76	130 »
Rayon 140 mètres.		
9m99	0m36	10m »
19 93	1 43	20 »

ABSCISSES mesurées à partir du point de tangence.	ORDONNÉES correspondantes.	ARCS cumulés à partir du point de tangence.
29m77	3m20	30m »
39 46	5 68	40 »
48 94	8 83	50 »
58 18	12 66	60 »
67 12	17 14	70 »
75 72	22 24	80 »
83 93	27 95	90 »
91 71	34 22	100 »
99 05	41 06	110 »
105 84	48 36	120 »
112 11	56 15	130 »
117 84	64 36	140 »
Rayon 150 mètres.		
9m99	0m33	10m »
19 94	1 33	20 »
29 80	2 99	30 »
39 53	5 30	40 »
49 08	8 26	50 »
58 41	11 84	60 »
67 49	16 04	70 »
76 26	20 83	80 »
84 70	26 20	90 »
92 76	32 12	100 »
100 40	38 56	110 »
107 61	45 49	120 »
114 33	52 90	130 »
120 54	60 73	140 »
126 22	68 95	150 »
Rayon 160 mètres.		
19m95	1 25	20 »
39 58	4 97	40 »
58 60	11 12	60 »
76 71	19 59	80 »
93 62	30 25	100 »
109 06	42 93	120 »
122 81	57 92	140 »
134 64	73 55	160 »

ABSCISSES mesurées à partir du point de tangence	ORDONNÉES correspondantes.	ARCS cumulés à partir du point de tangence.

Rayon 170 mètres.

ABSCISSES	ORDONNÉES	ARCS
19m95	1m18	20m »
39 63	4 68	40 »
58 76	10 48	60 »
77 08	18 48	80 »
94 33	28 57	100 »
110 28	40 62	120 »
124 70	54 46	140 »
137 40	69 90	160 »
148 20	86 72	180 »

Rayon 180 mètres.

ABSCISSES	ORDONNÉES	ARCS
19 96	1m11	20 »
39 67	4 43	40 »
58 89	9 91	60 »
77 39	17 49	80 »
94 93	27 07	100 »
111 31	38 54	120 »
126 30	51 75	140 »
139 75	66 55	160 »
151 46	82 74	180 »

Rayon 190 mètres.

ABSCISSES	ORDONNÉES	ARCS
19m96	1m05	20m »
39 70	4 19	40 »
59 01	9 39	60 »
77 65	16 59	80 »
95 45	25 71	100 »
112 18	36 65	120 »
127 68	49 29	140 »
141 75	63 48	160 »
154 26	79 08	180 »
165 04	95 86	200 »

Rayon 200 mètres.

ABSCISSES	ORDONNÉES	ARCS
19 97	1m »	20m »
39 73	3 99	40 »
59 10	8 93	60 »
77 88	15 79	80 »
95 88	24 48	100 »
112 93	34 93	120 »
128m84	47m03	140m »
143 47	60 66	160 »
156 67	75 68	180 »
168 29	91 94	200 »

Rayon 250 mètres.

ABSCISSES	ORDONNÉES	ARCS
19m98	0m80	20m »
39 83	3 19	40 »
59 43	7 17	60 »
78 64	12 69	80 »
97 35	19 73	100 »
115 44	28 25	120 »
132 80	38 19	140 »
149 30	49 48	160 »
164 85	60 41	180 »
179 34	75 82	200 »
192 68	90 71	220 »
204 80	106 62	240 »
215 60	123 44	260 »

Rayon 300 mètres.

ABSCISSES	ORDONNÉES	ARCS
19m98	0m67	20m »
39 88	2 66	40 »
59 60	5 98	60 »
79 05	10 60	80 »
98 46	16 51	100 »
116 83	23 68	120 »
134 98	32 08	140 »
152 52	41 06	160 »
169 39	52 40	180 »
185 51	64 23	200 »
200 80	77 13	220 »
215 21	90 99	240 »
228 65	105 79	260 »
241 08	121 45	280 »
252 44	137 91	300 »
262 68	155 05	320 »

Rayon 350 mètres.

ABSCISSES	ORDONNÉES	ARCS
19m99	0m57	20m »
39 91	2 28	40 »

ABSCISSES mesurées à partir du point de tangence.	ORDONNÉES corres-pondantes.	ARCS cumulés à partir du point de tangence.
$59^{m}71$	$5^{m}13$	60^{m} »
79 31	9 10	80 »
98 64	14 19	100 »
117 66	20 37	120 »
136 30	27 63	140 »
154 48	35 94	160 »
172 17	45 27	180 »
189 29	55 60	200 »
205 80	66 90	220 »
221 60	79 11	240 »
236 74	92 21	260 »
251 07	106 15	280 »
264 59	120 89	300 »
277 24	136 38	320 »
288 99	152 56	340 »
299 80	169 39	360 »
Rayon 400 mètres.		
$19^{m}99$	$0^{m}50$	20^{m} »
39 93	2 »	40 »
59 78	4 49	60 »
79 47	7 97	80 »
98 96	12 44	100 »
118 21	17 87	120 »
137 16	24 25	140 »
155 76	31 58	160 »
173 99	39 82	180 »
191 77	48 97	200 »
209 08	58 99	220 »
225 86	69 87	240 »
242 07	81 57	260 »
257 69	94 06	280 »
272 66	107 32	300 »
286 94	121 32	320 »
300 51	136 01	340 »
313 33	151 36	360 »
325 37	167 33	380 »
336 59	183 88	400 »
346 97	200 97	420 »

ABSCISSES mesurées à partir du point de tangence.	ORDONNÉES corres-pondantes.	ARCS cumulés à partir du point de tangence.
Rayon 450 mètres.		
$19^{m}99$	$0^{m}45$	20^{m} »
39 95	1 78	40 »
59 82	3 99	60 »
79 58	7 09	80 »
99 18	11 07	160 »
118 58	15 90	120 »
137 75	21 60	140 »
156 65	28 14	160 »
175 24	35 52	180 »
193 48	43 72	200 »
211 34	52 71	220 »
228 78	62 50	240 »
245 77	73 04	260 »
262 28	84 33	280 »
278 27	96 35	300 »
293 70	109 06	320 »
308 57	122 45	340 »
322 81	136 48	360 »
336 42	151 13	380 »
349 37	166 38	400 »
361 62	182 18	420 »
373 17	198 51	440 »
383 97	215 34	460 »
Rayon 500 mètres.		
$19^{m}99$	$0^{m}40$	20^{m} »
39 96	1 60	40 »
59 86	3 60	60 »
79 66	6 39	80 »
99 33	9 97	100 »
118 85	14 33	120 »
138 18	19 47	140 »
157 28	25 38	160 »
176 14	32 05	180 »
194 71	39 47	200 »
212 97	47 62	220 »
230 89	56 50	240 »
248 44	66 09	260 »
265 59	76 37	280 »
282 32	87 33	300 »

ABSCISSES mesurées à partir du point de tangence.	ORDONNÉES corres- pondantes.	ARCS cumulés à partir du point de tangence.	ABSCISSES mesurées à partir du point de tangence.	ORDONNÉES corres- pondantes.	ARCS cumulés à partir du point de tangence.
298m60	99m05	320m »	**Rayon 700 mètres.**		
314 40	111 21	340 »	20m »	0m29	20m »
329 69	124 10	360 »	39 98	1 14	40 »
344 46	137 58	380 »	59 93	2 57	60 »
358 68	151 65	400 »	79 83	4 57	80 »
372 32	166 27	420 »	99 66	7 13	100 »
385 37	181 42	440 »	119 41	10 26	120 »
397 80	197 09	460 »	139 07	13 95	140 »
409 60	213 24	480 »	158 61	18 21	160 »
420 74	229 85	500 »	178 03	23 02	180 »
431 20	246 89	520 »	197 29	28 38	200 »
			216 40	34 29	220 »
Rayon 600 mètres.			235 33	40 74	240 »
20m »	0m33	20m »	254 06	47 73	260 »
39 97	1 33	40 »	272 59	55 26	280 »
59 90	3 »	60 »	290 91	63 31	300 »
79 76	5 33	80 »	308 97	71 88	320 »
99 54	8 31	100 »	326 79	80 96	340 »
119 20	11 96	120 »	344 34	90 55	360 »
138 76	16 26	140 »	361 61	100 63	380 »
158 11	21 21	160 »	378 58	111 21	400 »
177 31	26 80	180 »	395 25	122 26	420 »
196 33	33 02	200 »	411 59	133 79	440 »
215 10	39 88	220 »	427 60	145 78	460 »
233 65	47 36	240 »	443 26	158 23	480 »
251 94	55 46	260 »	458 53	171 08	500 »
269 95	64 16	280 »	473 48	184 43	520 »
287 66	73 46	300 »	488 01	198 16	540 »
305 04	83 33	320 »			
322 09	93 78	340 »	**Rayon 800 mètres.**		
338 79	104 80	360 »	20m »	0m25	20m »
355 10	116 36	380 »	39 98	1 »	40 »
371 02	128 47	400 »	59 95	2 25	60 »
386 53	141 09	420 »	79 87	4 »	80 »
401 61	154 23	440 »	99 74	6 24	100 »
416 24	167 82	460 »	119 55	8 98	120 »
430 41	181 98	480 »	139 29	12 22	140 »
444 03	196 48	500 »	158 92	15 95	160 »
457 27	211 53	520 »	178 49	20 16	180 »
			197 92	24 87	200 »
			217 24	30 06	220 »

Left table:

ABSCISSES mesurées à partir du point de tangence.	ORDONNÉES correspondantes.	ARCS cumulés à partir du point de tangence.
236ᵐ42	35ᵐ72	240ᵐ »
255 45	41 88	260 »
274 32	48 50	280 »
293 02	55 59	300 »
311 53	63 15	320 »
329 86	71 17	340 »
347 97	79 64	360 »
365 87	88 57	380 »
383 54	97 93	400 »
400 97	107 74	420 »
418 15	117 89	440 »
435 07	128 65	460 »
451 71	139 73	480 »
468 08	151 23	500 »
484 15	163 13	520 »
499 92	175 44	540 »
515 37	188 13	560 »
530 51	201 20	580 »
545 31	214 65	600 »

Rayon 900 mètres.

ABSCISSES	ORDONNÉES	ARCS
20ᵐ »	0ᵐ22	20ᵐ »
39 99	0 89	40 »
59 96	2 »	60 »
79 89	3 55	80 »
99 79	5 55	100 »
119 64	7 99	120 »
139 44	10 87	140 »
159 16	14 18	160 »
178 80	17 94	180 »
198 36	22 13	200 »
217 82	26 76	220 »
237 16	31 81	240 »
256 40	37 30	260 »
275 50	43 21	280 »
294 47	49 54	300 »
313 30	56 29	320 »
331 97	63 46	340 »
350 48	71 04	360 »
368 81	79 04	380 »
386 96	87 43	400 »

Right table:

ABSCISSES mesurées à partir du point de tangence.	ORDONNÉES correspondantes.	ARCS cumulés à partir du point de tangence.
404ᵐ92	96ᵐ23	420ᵐ »
422 68	105 43	440 »
440 23	115 02	460 »
457 57	124 99	480 »
474 68	135 35	500 »
491 55	146 09	520 »
508 18	157 20	540 »
524 56	168 67	560 »
540 68	180 51	580 »
556 53	192 70	600 »

Rayon 1,000 mètres.

ABSCISSES	ORDONNÉES	ARCS
10ᵐ »	0ᵐ05	10ᵐ »
20 »	0 20	20 »
29 99	0 45	30 »
39 99	0 80	40 »
49 98	1 25	50 »
59 96	1 80	60 »
69 94	2 45	70 »
79 91	3 20	80 »
89 88	4 05	90 »
99 83	5 »	100 »
109 78	6 04	110 »
119 71	7 19	120 »
129 63	8 44	130 »
139 54	9 78	140 »
149 44	11 23	150 »
159 32	12 77	160 »
169 18	14 41	170 »
179 03	16 61	180 »
188 86	18 »	190 »
198 67	19 93	200 »
208 46	21 97	210 »
218 23	24 10	220 »
227 98	26 33	230 »
237 70	28 66	240 »
247 40	31 09	250 »

ABSCISSES mesurées à partir du point de tangence.	ORDONNÉES correspondantes.	ARCS cumulés à partir du point de tangence.	ABSCISSES mesurées à partir du point de tangence.	ORDONNÉES correspondantes.	ARCS cumulés à partir du point de tangence.
257m08	33m61	260m »	572m87	180m35	610m »
266 73	36 23	270 »	581 03	186 12	620 »
276 36	38 94	280 »	589 14	191 97	630 »
285 95	41 76	290 »	597 19	197 90	640 »
295 52	44 66	300 »	605 19	203 92	650 »
305 06	47 67	310 »	613 12	210 01	660 »
314 57	50 76	320 »	620 99	216 18	670 »
324 04	53 96	330 »	628 79	224 43	680 »
333 49	57 24	340 »	636 54	228 75	690 »
342 90	60 63	350 »	644 22	235 16	700 »
352 27	64 10	360 »	651 83	241 64	710 »
361 61	67 67	370 »	659 38	248 19	720 »
370 92	71 33	380 »	666 87	254 83	730 »
380 19	75 09	390 »	674 29	261 53	740 »
389 42	78 94	400 »	681 64	268 31	750 »
398 61	82 88	410 »	688 92	275 16	760 »
407 76	86 91	420 »	696 13	282 09	770 »
416 87	91 03	430 »	703 28	289 09	780 »
425 94	95 25	440 »	710 35	296 15	790 »
434 97	99 55	450 »	717 36	303 29	800 »
443 95	103 95	460 »	724 29	310 50	810 »
452 89	108 43	470 »	731 15	317 78	820 »
461 78	113 »	480 »	737 93	325 12	830 »
470 63	117 67	490 »	744 64	332 54	840 »
479 42	122 42	500 »	751 28	340 02	850 »
488 18	127 26	510 »	757 84	347 56	860 »
496 88	132 18	520 »	764 33	355 17	870 »
505 53	137 19	530 »	770 74	362 85	880 »
514 14	142 29	540 »	777 07	370 59	890 »
522 69	147 48	550 »	783 33	378 39	900 »
531 19	152 74	560 »	789 50	386 25	910 »
539 63	158 10	570 »	795 60	394 18	920 »
548 02	163 54	580 »	801 62	402 17	930 »
556 36	169 06	590 »	807 56	410 21	940 »
564 64	174 66	600 »	813 41	418 32	950 »

ABSCISSES mesurées à partir du point de tangence.	ORDONNÉES correspondantes.	ARCS cumulés à partir du point de tangence.
819m29	426m48	960m »
824 89	434 70	770 »
830 50	442 98	980 »
836 03	451 31	990 »
841 47	459 70	1 000 »
846 83	468 14	1 010 »
852 11	476 63	1 020 »
857 30	485 18	1 030 »
862 40	493 78	1 040 »
867 42	502 43	1 050 »
872 35	511 13	1 060 »
877 20	519 88	1 070 »
881 96	528 67	1 080 »
886 63	537 51	1 090 »
891 21	546 40	1 100 »
895 70	555 34	1 110 »
900 10	564 32	1 120 »
904 41	573 34	1 130 »
908 63	582 40	1 140 »
912 76	591 51	1 150 »
916 80	600 66	1 160 »
920 75	609 85	1 170 »
924 61	619 07	1 180 »
928 37	628 34	1 190 »
932 04	637 64	1 200 »
935 62	646 98	1 210 »
939 10	656 35	1 220 »
942 49	665 76	1 230 »
945 78	675 20	1 240 »
948 98	684 68	1 250 »
952 09	694 18	1 260 »
955 10	703 72	1 270 »
958 02	713 28	1 280 »
960 83	722 88	1 290 »
963 56	732 50	1 300 »

ABSCISSES mesurées à partir du point de tangence.	ORDONNÉES correspondantes.	ARCS cumulés à partir du point de tangence.
966m18	742m15	1 310m »
968 71	751 82	1 320 »
971 15	761 52	1 330 »
973 48	771 25	1 340 »
975 72	780 99	1 350 »
977 86	790 76	1 360 »
979 91	800 55	1 370 »
981 85	810 36	1 380 »
983 70	820 19	1 390 »
985 45	830 03	1 400 »

Rayon 1,100 mètres.

ABSCISSES mesurées à partir du point de tangence.	ORDONNÉES correspondantes.	ARCS cumulés à partir du point de tangence.
29m99	0m41	30m »
59 97	1 64	60 »
89 90	3 68	90 »
119 76	6 54	120 »
149 54	10 21	150 »
179 20	14 70	180 »
208 73	19 98	210 »
238 10	26 08	240 »
267 30	32 97	270 »
296 30	40 66	300 »
325 07	49 15	330 »
353 64	58 39	360 »
381 88	68 42	390 »
409 87	79 21	420 »
437 55	90 77	450 »
464 91	102 08	480 »
491 92	116 13	510 »
518 57	129 90	540 »
544 83	144 41	570 »
570 69	159 62	600 »
596 12	175 53	630 »
621 11	192 13	660 »
645 63	209 44	690 »

Rayon 1,200 mètres.

ABSCISSES mesurées à partir du point de tangence.	ORDONNÉES correspondantes.	ARCS cumulés à partir du point de tangence.
30m »	0m37	30m »
59 97	1 50	60 »
89 91	3 37	90 »

ABSCISSES mesurées à partir du point de tangence.	ORDONNÉES correspondantes.	ARCS cumulés à partir du point de tangence.
119m80	5m99	120m »
149 61	9 36	150 »
179 33	13 47	180 »
208 93	18 33	210 »
238 40	23 92	240 »
267 73	30 25	270 »
296 88	37 30	300 »
325 86	45 09	330 »
354 62	53 60	360 »
383 17	62 82	390 »
411 48	72 75	420 »
439 53	83 39	450 »
467 30	94 73	480 »
494 79	106 75	510 »
521 96	119 46	540 »
548 81	132 80	570 »
575 31	146 90	600 »
601 46	161 71	630 »
627 22	176 97	660 »
652 60	192 97	690 »
677 57	209 60	720 »
702 12	226 69	750 »

Rayon 1,300 mètres.

ABSCISSES mesurées à partir du point de tangence.	ORDONNÉES correspondantes.	ARCS cumulés à partir du point de tangence.
39m99	0m62	40m »
79 95	2 46	80 »
119 83	5 53	120 »
159 60	9 83	160 »
199 21	15 35	200 »
238 64	22 09	240 »
277 83	30 04	280 »
316 78	39 18	320 »
355 42	49 53	360 »
393 72	61 05	400 »
431 65	73 75	440 »
469 17	87 61	480 »
506 24	102 62	520 »
542 84	118 77	560 »
578 92	136 03	600 »
614 46	154 38	640 »
649 41	173 83	680 »
683m75	194m40	720m »
717 44	215 90	760 »

Rayon 1,400 mètres.

ABSCISSES mesurées à partir du point de tangence.	ORDONNÉES correspondantes.	ARCS cumulés à partir du point de tangence.
39m99	0m57	40m »
79 96	2 29	80 »
119 85	5 14	120 »
159 65	9 13	160 »
199 32	14 26	200 »
238 83	20 52	240 »
278 14	27 91	280 »
317 22	36 41	320 »
356 05	46 03	360 »
394 58	56 76	400 »
432 79	68 58	440 »
470 65	81 48	480 »
508 13	95 47	520 »
545 49	110 51	560 »
581 80	126 62	600 »
617 94	143 76	640 »
653 58	161 92	680 »
688 68	181 10	720 »
723 22	201 27	760 »
757 17	222 42	800 »
798 50	244 53	840 »

Rayon 1,500 mètres.

ABSCISSES mesurées à partir du point de tangence.	ORDONNÉES correspondantes.	ARCS cumulés à partir du point de tangence.
49m99	0m83	50m »
99 93	3 33	100 »
149 75	7 51	150 »
199 41	13 34	200 »
248 84	20 78	250 »
298 »	29 90	300 »
346 84	40 65	350 »
395 28	53 02	400 »
443 28	67 »	450 »
490 79	82 56	500 »
537 76	99 71	550 »
584 13	118 41	600 »
629 85	138 64	650 »
674 87	160 39	700 »

ABSCISSES mesurées à partir du point de tangence.	ORDONNÉES correspondantes.	ARCS cumulés à partir du point de tangence.
719m14	183m63	750m »
762 61	208 33	800 »
805 23	234 46	850 »
846 96	262 »	900 »
887 75	290 92	950 »
927 56	321 17	1 000 »
Rayon 2,000 mètres.		
49m99	0m62	50m »
99 96	2 50	100 »
149 86	5 62	150 »
199 67	9 99	200 »
249 35	15 60	250 »
298 88	22 46	300 »
348 22	30 55	350 »
397 34	39 87	400 »
446 21	50 41	450 »
494 81	62 18	500 »
543 09	75 15	550 »
591 04	89 23	600 »
638 61	104 70	650 »
685 80	121 25	700 »
732 54	138 98	750 »
778 84	157 88	800 »
824 64	177 93	850 »
869 93	199 11	900 »
914 68	221 42	950 »
958 85	244 84	1 000 »
Rayon 2,500 mètres.		
99m97	2m »	100m »
199 79	7 99	200 »
299 28	17 98	300 »
398 30	31 93	400 »
496 67	49 83	500 »
594 26	71 65	600 »
690 89	97 36	700 »
786 41	126 91	800 »
880 68	160 26	900 »
973 54	197 35	1 000 »
1 064 85	238 12	1 100 »

ABSCISSES mesurées à partir du point de tangence.	ORDONNÉES correspondantes.	ARCS cumulés à partir du point de tangence.
Rayon 3,000 mètres.		
99m98	1m67	100m »
199 65	6 66	200 »
299 50	14 99	300 »
398 82	26 61	400 »
497 69	41 56	500 »
596 04	59 80	600 »
693 66	81 29	700 »
790 55	106 04	800 »
886 56	133 99	900 »
981 58	165 12	1 000 »
1 075 51	199 42	1 100 »
1 168 25	236 82	1 200 »
Rayon 4,000 mètres.		
99 99	1m25	100m »
199 92	5 »	200 »
299 72	11 24	300 »
399 33	19 98	400 »
498 70	31 21	500 »
597 75	44 92	600 »
696 43	61 09	700 »
794 68	79 74	800 »
892 43	100 82	900 »
989 62	124 35	1 000 »
1 086 18	150 30	1 100 »
1 182 08	178 66	1 200 »
1 277 23	209 40	1 300 »
1 371 59	242 51	1 400 »
1 465 09	277 97	1 500 »
Rayon 5,000 mètres.		
99m99	1m »	100m »
199 94	4 »	200 »
299 82	9 »	300 »
399 57	15 99	400 »
499 16	24 98	500 »
598 56	35 95	600 »
697 71	48 92	700 »

ABSCISSES mesurées à partir du point de tangence.	ORDONNÉES correspondantes.	ARCS cumulés à partir du point de tangence.	ABSCISSES mesurées à partir du point de tangence.	ORDONNÉES correspondantes.	ARCS cumulés à partir du point de tangence.
796^{m}59	63^{m}86	800^m »	1 285 40	168^{m}05	1 300^m »
895 15	80 78	900 »	1 381 78	194 72	1 400 »
993 34	99 67	1 000 »	1 477 60	223 32	1 500 »
1 091 15	120 51	1 100 »	1 572 83	253 82	1 600 »
1 188 51	143 31	1 200 »	1 667 43	286 22	1 700 »

TABLE DES MATIÈRES.

TRACÉ DES COURBES DE RACCORDEMENT.

TEXTE.

Partie pratique.

Partie théorique.

TABLES.

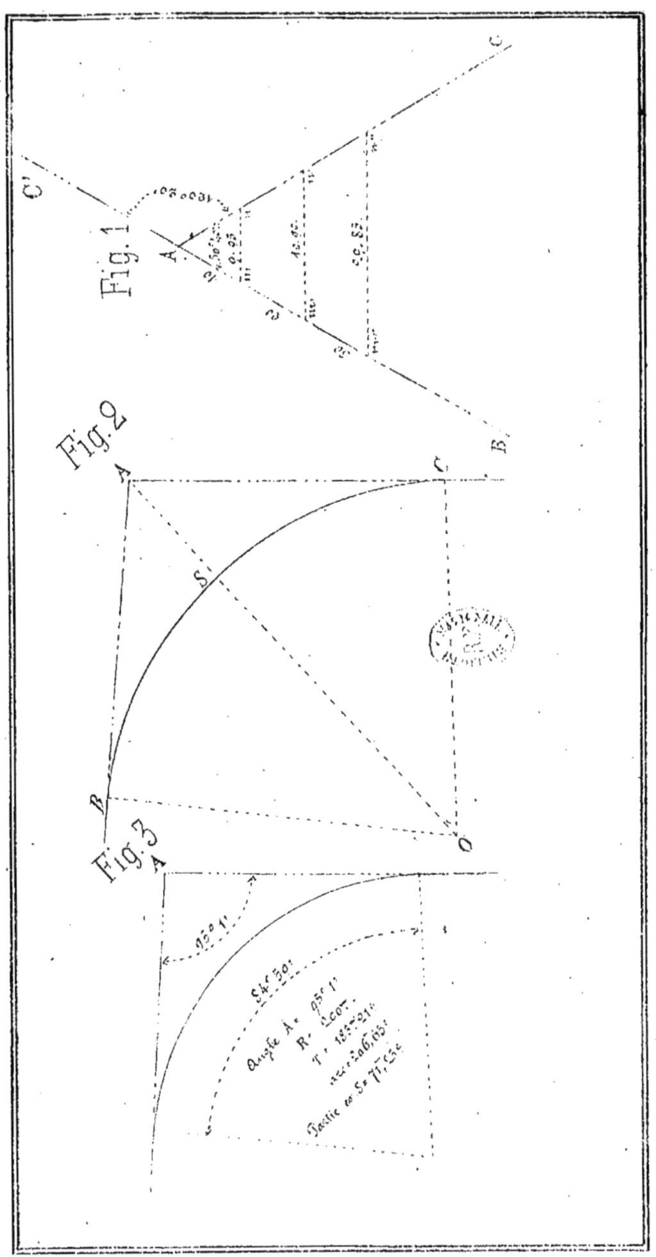

Fig. 1
Fig. 2
Fig. 3
A
B
C
C'
Angle A = 95° 1'
R =
T =

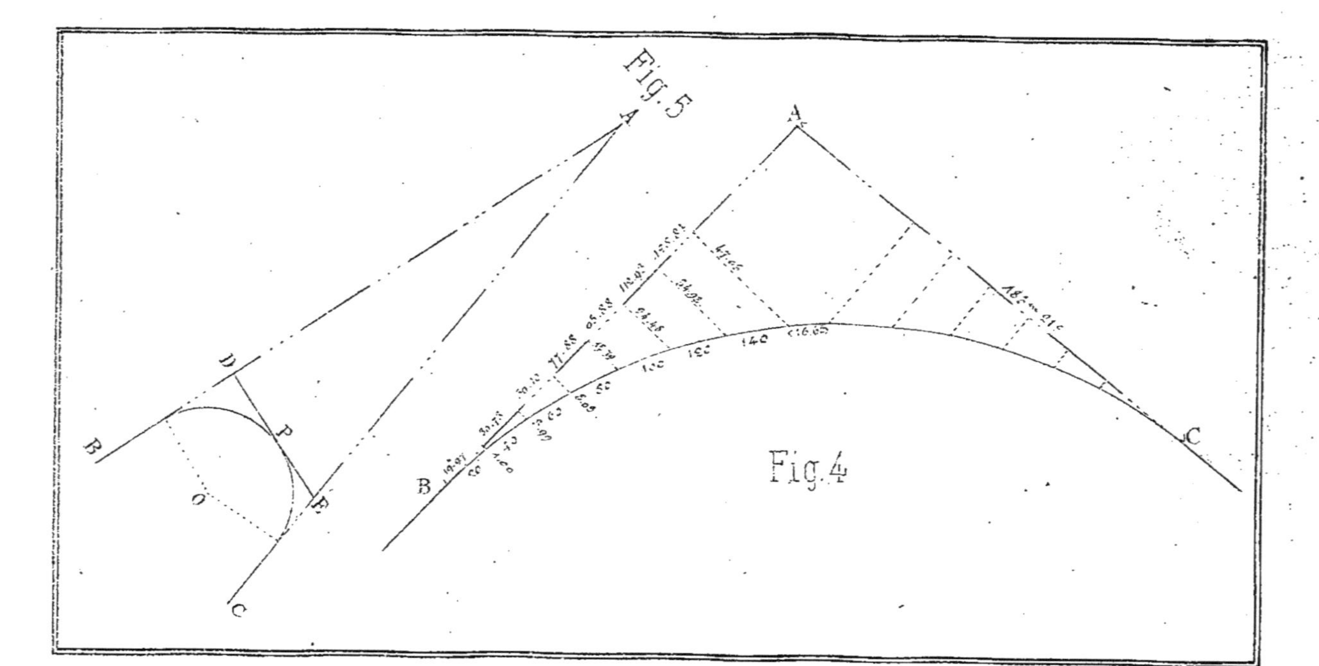

Fig.5
Fig.4
A
B
C
D
P
E
O

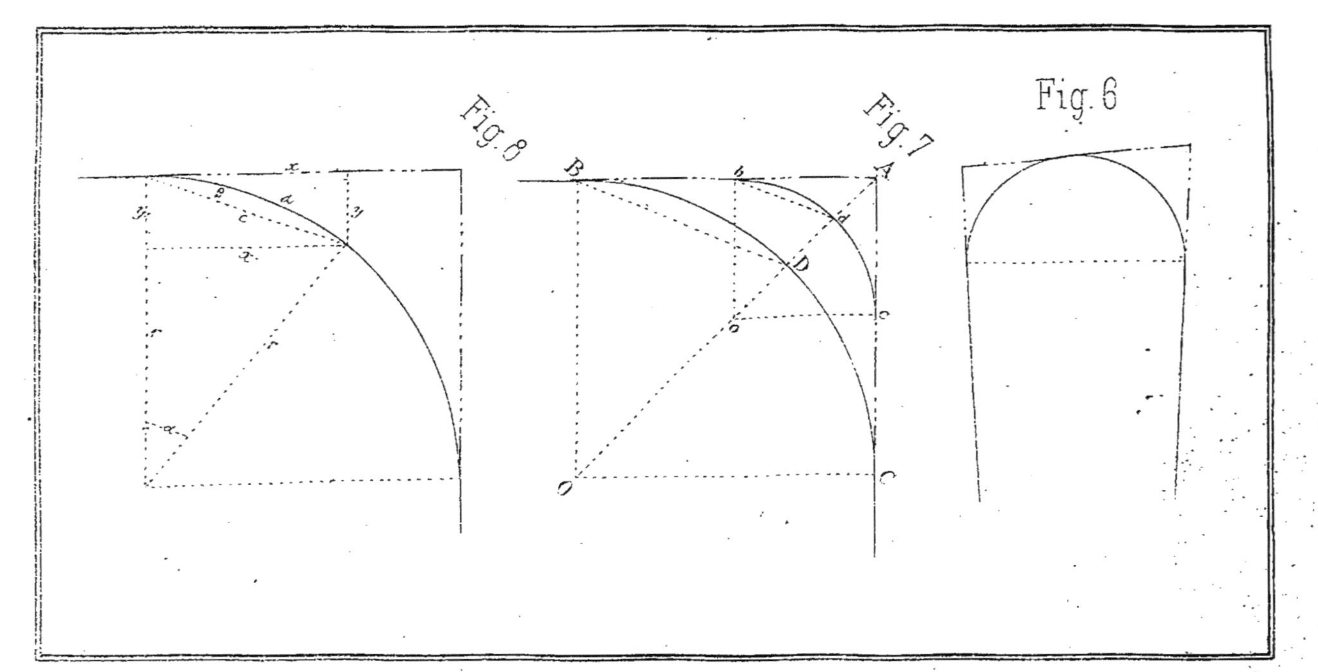

Fig. 6
Fig. 7
Fig. 8

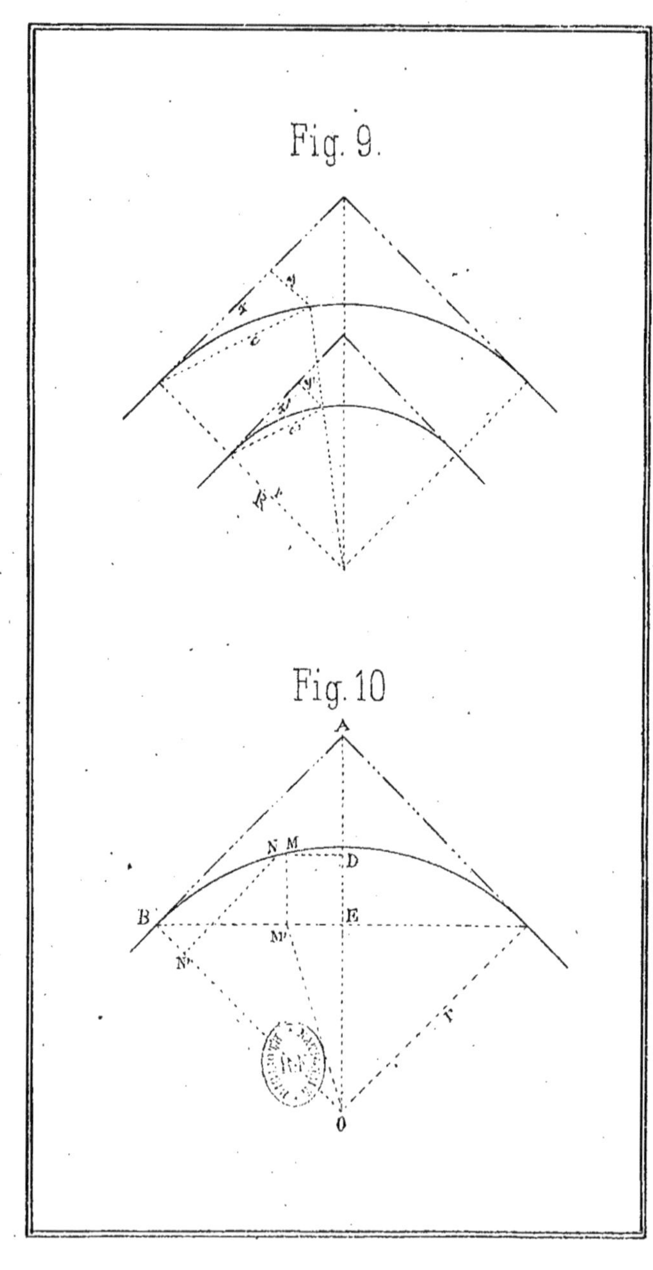

Fig. 9.

Fig. 10

9 782019 960872